Les écrivains du bac

DIDEROT

Jacques le Fataliste

LIRE

GALLIMARD

Anne Coudreuse, professeur agrégé

1713

Denis Diderot naît à Langres en Champagne. Son père, maître coutelier, est un artisan riche et réputé. Élève des jésuites, destiné à la prêtrise, Denis est tonsuré à 13 ans. Maître ès arts de la Sorbonne à 19 ans, il étudie la théologie, les mathématiques, la musique, l'anglais. Bohème jusqu'à 30 ans.

1743

Denis Diderot épouse clandestinement, contre l'avis de son père, Antoinette Champion. Malgré les disputes, le couple durera jusqu'à la mort de Denis. Ils auront quatre enfants, seule une fille vivra, Angélique (1753-1824). Début de l'amitié avec Jean-Jacques Rousseau.

Comme tous ses contemporains, Diderot se passionne pour le théâtre.

Le café Procope *au XVIII*^{e} *siècle :*
1. Buffon. 2. Gilbert.
3. Diderot. 4. D'Alembert.
5. Marmontel. 6. Lekain.
7. Rousseau. 8. Voltaire.
9. Piron. 10. D'Holbach.

1749

EMPRISONNÉ TROIS MOIS À VINCENNES POUR LA *LETTRE SUR LES AVEUGLES À L'USAGE DE CEUX QUI VOIENT*, LIBÉRÉ SUR LES INSTANCES DES ÉDITEURS DE L'*ENCYCLOPÉDIE*, DONT DIDEROT EST DIRECTEUR DEPUIS 1746. LE PREMIER VOLUME PARAÎT EN 1751.

1755

DIDEROT RENCONTRE SOPHIE VOLLAND. LE PLUS SOUVENT SÉPARÉS, LES AMANTS S'ÉCRIVENT BEAUCOUP. JUSQU'EN 1774, DIDEROT LUI ADRESSERA 553 LETTRES.

Avec la génération de 1750, celle de Rousseau, de d'Alembert, de Condillac, de Diderot, l'optimiste, fonde une culture émancipée de la tutelle séculaire de l'Église, dont l'homme est la mesure.

Denis Diderot, par Fragonard.

1759

Depuis l'attentat de Damiens, le pouvoir royal s'est durci. Les 7 volumes déjà parus de l'*Encyclopédie* sont condamnés. En fait, l'entreprise se poursuit dans une semi-clandestinité; paraîtront en tout 17 volumes de texte et 11 de planches.

L'impératrice de Russie, Catherine II (1729-1796).

1765

Catherine II achète la bibliothèque de Diderot et lui verse une pension jusqu'à sa mort. Il ne publie presque plus. Il peut écrire pour la postérité en toute liberté (*La Religieuse*, 1760, *Neveu de Rameau*, 1761). Dans la *Correspondance littéraire*, bulletin réservé à l'élite européenne, il rend compte des Salons de peinture.

Jean-Jacques Rousseau composant son Émile *dans la vallée de Montmorency.*

1772

Mariage de sa fille Angélique avec un jeune Langrois, futur grand industriel, Abel Caroillon de Vandeul. Diderot rédige le *Supplément au voyage de Bougainville*, *Jacques le Fataliste* et collabore à l'ouvrage de Raynal, l'*Histoire des deux Indes*. Séjourne à La Haye puis, d'octobre 1773 à mars 1774, à Saint-Pétersbourg.

1778

Voltaire meurt le 30 mai, Rousseau le 2 juillet. Diderot reçoit dans sa ville natale de Langres un accueil triomphal (1780). Loin de s'assagir, le vieux philosophe radicalise sa pensée politique dans l'*Essai sur les règnes de Claude et de Néron (1782)* qui lui vaut les remontrances du roi.

1784

Après d'Alembert en octobre 1783 et Sophie Volland en février 1784, Denis Diderot meurt à Paris le 31 juillet. Malgré son athéisme déclaré, il est enterré chrétiennement. Ses chefs-d'œuvre paraîtront en France après sa mort, *Jacques le Fataliste* en 1796, *Neveu de Rameau* en 1821.

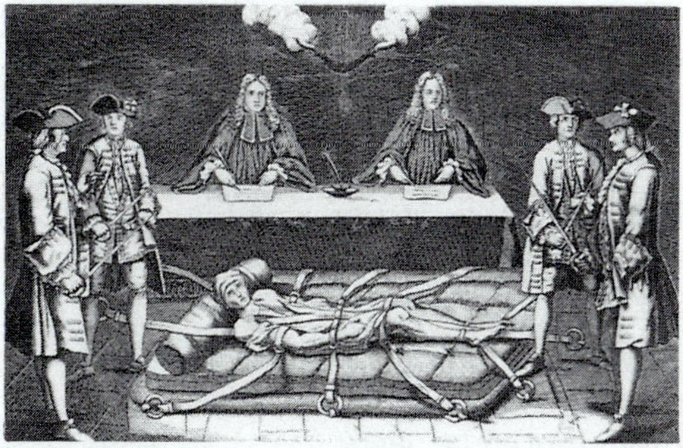

Damiens est mis à la question, supplicié puis écartelé pour avoir attenté à la vie de Louis XV… avec un canif.

Le philosophe prend pour modèle la société tahitienne fondée sur le droit naturel.

Les combats d'un Socrate

Diderot est le pilier d'une grande aventure collective : l'*Encyclopédie*. À 50 ans, il pénètre dans les contrées plus intimes de la fiction avec *La Religieuse*, *Neveu de Rameau* et *Jacques le Fataliste*.

Diderot sort de l'obscurité à 33 ans lorsque l'éditeur parisien Le Breton lui demande de réaliser une version française de la *Cyclopaedia* de Chambers, modèle de l'*Encyclopédie*, succès de librairie en Angleterre. Quand paraît le dernier volume des planches de l'*Encyclopédie*, Diderot, âgé de 59 ans, n'a plus que 12 ans à vivre. Cette écrasante entreprise aura absorbé la meilleure part de son existence et alimenté le plus extraordinaire feuilleton intellectuel du siècle.

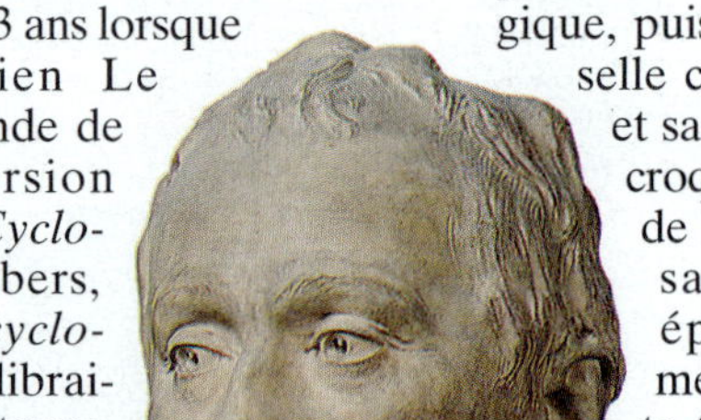

Au moment où il s'embarque dans l'affaire, Diderot s'installe tout juste dans la vie. Originaire de Langres en Champagne, Denis est devenu parisien dès l'âge de 15 ans afin de poursuivre ses études. Destiné dès l'enfance à la prêtrise, il a reçu la plus solide formation théologique, puis, porté par l'universelle curiosité de l'époque et sa propre boulimie, il a croqué toutes les pommes de l'arbre de la connaissance. À 30 ans, il a épousé clandestinement la belle Antoinette Champion, pauvre et parfaitement ignorante. Anne-Toinette ou Antoinette, sa voisine de palier, était lingère et dentellière. Diderot père, décidé à empêcher ce médiocre mariage, fit enfermer Denis 3 mois dans un monastère, dont ce dernier s'évada. Le mariage fut romanesque, les quarante années qui suivirent le furent beaucoup moins : Antoinette, délaissée dans son triste logis, étrangère aux idées et aux relations de son mari, devint acariâtre et bigote. Des quatre enfants qu'elle mit au monde, seule une fille survécut.

SURVEILLÉ PAR LA POLICE

En 1747, l'appartement de la rue Saint-Victor est surveillé par les voisins et le curé. Diderot, qui aurait mené avant le mariage une vie aventureuse, a la réputation de tenir des discours impies et subversifs. « Homme extrêmement dangereux qui se moque des saints martyrs de notre religion », lit-on dans le rapport de police. Ce gaillard bien bâti, vêtu sommairement d'un habit noir, ne portant qu'exceptionnellement la perruque, s'est fait connaître par quelques traductions de l'anglais. On lui doit aussi, déjà, des *Pensées philosophiques* résolument antipascaliennes, aussitôt condamnées par le Parlement. Et un certain roman dans le goût oriental, plus philosophique qu'érotique, *Les Bijoux indiscrets*.

ILLUSTRATION POUR JACQUES LE FATALISTE, *ÉDITION DE 1884.*

Dans la bohème intellectuelle, sa liberté de ton, le laisser-aller de sa tenue, son athéisme ne choquent personne, et son érudition est déjà légendaire. Mathématiques, musique, droit, théologie, sciences naturelles, psychologie, médecine, littérature, esthétique et philosophie : il disserte de tout avec compétence et enthousiasme. Ses amis, Rousseau et Condillac, futures gloires philosophiques, débutent en même temps que lui dans les Lumières parisiennes. L'*Encyclopédie* n'est donc pas confiée à un baron du « parti philosophique » comme Voltaire (52 ans) ou Montesquieu (57 ans) mais à un duo de novices prometteurs, Diderot le bouillonnant et d'Alembert le sage pour la partie mathématique. Enfant naturel issu du meilleur monde, Jean Le Rond d'Alembert (né en 1717) est un savant distingué, entré à l'âge de 23 ans à l'Académie des sciences. Diderot et d'Alembert : deux figures de proue de la nouvelle génération intellectuelle qui fermente entre les Tuileries et le Palais Royal.

Très vite l'*Encyclopédie* dépasse le cadre initial d'un *dictionnaire raisonné* conçu à

« ART D'ÉCRIRE », PLANCHE DE L'ENCYCLOPÉDIE.

partir de modèles anglais. Elle établit un inventaire des connaissances, une histoire de leur progrès, un examen détaillé des rapports que chaque science entretient avec les autres, le tout passé au crible de l'expérience, maître mot de la philosophie moderne. Diderot et d'Alembert recrutent 170 collaborateurs : à côté de grandes signatures comme Montesquieu, Voltaire et Turgot se presse une foule de spécialistes, professeurs, juristes, médecins et professionnels de tous les métiers. Car une des singularités de l'édifice est qu'il décrit à égalité avec les savoirs « nobles » tous les savoir-faire : la boulangerie, la coutellerie, la chaudronnerie, la maroquinerie. Diderot prend personnellement en charge cette partie du travail. Dans les sept premiers volumes, il rédige plus de 3 000 articles. Merveilleuse occasion d'écrire des textes courts, souvent fort éloignés de la gravité « encyclopédique ». Rusant avec la censure, les auteurs s'ingénient à faire passer par les articles les plus anodins les vues les plus iconoclastes. L'article *capuchon* par exemple devient une belle occasion de ridiculiser les moines. Par le jeu des renvois, le lecteur est invité à circuler dans l'*Encyclopédie*, à relier ce que l'ordre alphabétique sépare. Plus que de la ruse, il s'agit d'un art du récit fragmenté, de la digression et du coq à l'âne qui porte bien la marque de Diderot lui-même. Mais le travail est soudain interrompu par un petit séjour au donjon de Vincennes.

« *JACQUES. J'en ai aux mouches et aux cousins. Je voudrais bien qu'on me dît à quoi servent ces incommodes bêtes-là ?*
LE MAÎTRE. Et parce que tu l'ignores, tu crois qu'elles ne servent à rien. La nature n'a rien fait d'inutile et de superflu. »
(Jacques le Fataliste)

Les Amours de Jacques le Fataliste, *interprétés par Jacques Spiesser et Francis Huster, en 1986.*

En juillet 1750, avec la fin de la guerre de Succession d'Autriche et l'alourdissement des impôts, Paris est en proie à une fièvre. Par lettre de cachet, le roi met au frais une centaine de têtes chaudes. Diderot est invité à méditer en prison les imprudences matérialistes et athées de sa *Lettre sur les aveugles à l'usage de ceux qui voient*. Heureusement pour notre philosophe, les éditeurs ont investi trop de capitaux dans l'*Encyclopédie* pour laisser son directeur moisir à Vincennes. Au bout de trois mois, ils obtiennent sa libération. Diderot a eu tout loisir de méditer sur le despotisme. Il n'oubliera pas la leçon.

Censure

L'année suivante, le premier volume est livré à ses 2 000 souscripteurs. Les jésuites l'attaquent vigoureusement et 6 mois plus tard obtiennent un arrêté royal d'interdiction et de suppression. Mais les philosophes ont la chance de compter quelques amis très haut placés, Malesherbes, le directeur de la Librairie (et donc de la censure), et Mme de Pompadour elle-même, favorite de Louis XV. Ceux-ci craignent que l'ouvrage interdit en France ne soit aussitôt imprimé à l'étranger. Toute interdiction se révèlerait donc à la fois vaine et néfaste aux imprimeurs français. Attirés par la polémique, les nouveaux souscripteurs affluent. En 1754, les 3 premiers tomes atteignent déjà 4 200 exemplaires. D'Alembert, qui vient d'être élu à l'Académie française, séjourne chez Voltaire aux Délices, le temps de préparer l'article *Genève*. Diderot, que ses amis surnomment « Socrate », ne goûtera jamais les honneurs de l'Académie, ni ne les briguera. On veut bien de son labeur de galérien qui travaille jour et nuit à faire rentrer la copie, à récrire les articles et à répondre aux doléances, mais il est trop « peuple » et trop indépendant pour être admis sous la Coupole. À la première occasion, d'Alembert qui a récolté tous les fruits qu'il pouvait en attendre quittera le navire.

1757 est un tournant politique dans le siècle. Louis XV vient d'être blessé (en vérité égratigné) par Damiens, un déséquilibré armé d'un canif. Ce crime de lèse-majesté

*« ARTISANS POSANT DES TOMETTES », GRAVURE DE L'*ENCYCLOPÉDIE.

déclenche une répression brutale et tous azimuts. Le malheureux Damiens, condamné au supplice des régicides, est écartelé en place de Grève. Les attaques contre les encyclopédistes fusent. Jésuites de la cour, jansénistes du parlement de Paris et même pasteurs genevois, pour une fois tous d'accord, crient haro !

Le 8 mars 1759, ils peuvent crier victoire : le Conseil du roi vient de révoquer le privilège (l'autorisation) accordé en 1746. En septembre, le pape Clément XIII lance, lui aussi, sa condamnation. Après le VIIe tome, le navire encyclopédique coule. D'Alembert quitte son poste. Le capitaine Diderot persiste. À l'heure même où tout l'abandonne, Jean-Jacques Rousseau, le solitaire d'Ermenonville, ne lui pardonne pas d'avoir écrit qu'*il n'y a que le méchant qui soit seul*. Après quinze ans d'amitié fervente, la rupture, attisée par les vrais et les faux amis, est totale, irrémédiable. À Langres, le maître coutelier Didier Diderot, père aimé et admiré, vient de mourir. Et le partage de l'héritage entre les cadets, la *sœurette* Denise et l'intraitable abbé Didier-Pierre Diderot, s'annonce épineux. Grimm est parti pour un long voyage et la chère Sophie est cloîtrée dans la propriété familiale de l'Isle-sur Marne. Comble de misères, l'estomac ne va plus. « Socrate », grand amateur de vin, gémit de ne boire que du lait.

Mais puisqu'il faut dédommager les souscripteurs de l'*Encyclopédie*, Diderot propose qu'on leur livre des

« Le premier soir,
j'eus la visite de la supérieure. […]
Ce fut elle qui me déshabilla. Elle me tint
cent propos doux et me fit mille caresses. »
(La Religieuse)

CHRISTIANE CATALA ET SARAH CHANDLER DANS LA RELIGIEUSE, EN 1982

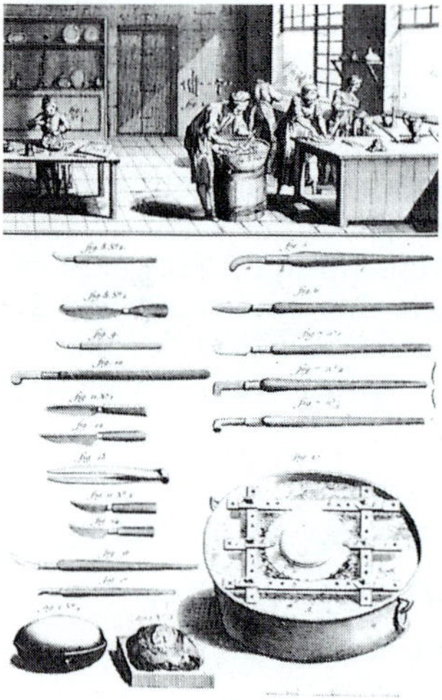

« ARGENTEUR »,
PLANCHE DE
L'ENCYCLOPÉDIE

volumes de planches, en principe inoffensifs. Grâce à la bienveillance de Malesherbes, on prépare aussi, mais très discrètement, les volumes suivants de textes, dans l'espoir qu'un jour ou l'autre l'interdiction sera levée. Cette tempête détermine pourtant un changement décisif et salutaire dans la carrière de Diderot. L'enthousiasme pour l'*Encyclopédie* est beaucoup retombé. Il s'y accroche encore par fidélité à ses engagements et par nécessité pécuniaire, mais son esprit se déploie ailleurs. L'écrivain l'emporte sur le philosophe. Ménageant sa liberté, il reste à distance de la politique et ne publiera presque plus, sauf dans la *Correspondance littéraire.* Ce bulletin de l'actualité culturelle française, dirigé par le baron allemand Grimm, n'est servi qu'à quelques dizaines d'abonnés répartis dans les principales cours d'Europe. Désormais Diderot écrira donc pour ses tiroirs et pour la postérité. Les grandes œuvres à venir seront découvertes après sa mort, livrées au public dans le plus grand désordre. Le *Paradoxe sur le comédien* ne sera publié qu'en 1830, les *Principes de politique des souverains* en 1798, les *Pages inédites contre un tyran* en 1837, le *Rêve de D'Alembert* en 1831. C'est Goethe qui exhumera le *Neveu de Rameau* et Schiller *Jacques le Fataliste*, deux chefs-d'œuvre qui ne seront d'abord connus en France que dans des traductions de l'allemand.

« *Je suis un sac inépuisable d'impertinences. J'avais à chaque instant une boutade qui les faisait rire aux larmes.* »
(Neveu de Rameau)

Secrètes amours

Diderot conserve aussi soigneusement dans ses archives les doubles de sa correspondance avec Mlle Sophie Volland. Car l'amoureux qui écrit à Sophie depuis 1755 sait bien qu'une des meilleures parts de son génie est là, dans cette chronique à bâtons rompus de son corps, de son cœur et de son esprit. De Sophie, la bien-aimée qui reçut plus de 500 lettres, nous ne savons presque rien. Aucun portrait, aucune ligne écrite de sa main. Quand le philosophe l'a rencontrée, elle avait 38 ans, lui 42. Elle est célibataire, vit avec sa mère. Elle a la *menotte sèche*, le corps appétissant, le caractère ferme et la tête résolument philosophe. L'un des amis du philosophe a-t-il jamais entrevu Sophie Volland ? On sait seulement que Grimm était dans la confidence.. *L'escalier (dérobé) est tombé*, lui écrit Denis qui vient d'être surpris dans le lit de Sophie par Mme Volland mère.

Six mois par an, Sophie disparaît à la campagne. De son côté, Denis séjourne de plus en plus souvent au château de Granval chez son ami l'opulent baron d'Holbach, matérialiste militant et athée convaincu comme lui. Les journées au château se partagent entre promenades, philosophie et franche gaudriole.

Michel Bouquet interprète le Neveu de Rameau, *en 1989.*

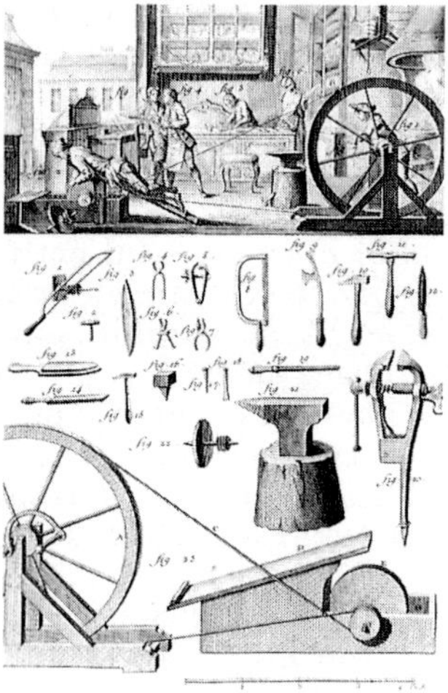

« COUTELIER », PLANCHE DE L'ENCYCLOPÉDIE.

MYSTIFICATION

D'une plaisanterie que Diderot et Grimm imaginent à l'intention de leur ami le marquis de Croismare, retiré en Normandie, naîtra *La Religieuse*. Pour faire revenir le marquis à Paris, on imagine une certaine sœur Suzanne, échappée du couvent, qui sollicite son appui. Le bon Croismare, ému, invite Suzanne à Caen. Diderot-Suzanne prétexte une maladie grave. Croismare s'inquiète. La correspondance se poursuit, s'étoffe, le roman réaliste des tyrannies du couvent prend forme. Au bout de quelques mois, les amis décident de mettre un terme à la farce en faisant mourir Suzanne Simonin. Huit ans plus tard, Croismare apprendra (sans s'en offusquer) la mystification. Diderot a si bien cru à son mensonge qu'il lui a donné une vérité prodigieuse dont il est lui-même ému. Mensonge ? Pas si sûr. Diderot se souvient de sa propre sœur cadette, Angélique, née en 1720, qui choisit d'entrer contre la volonté de ses parents aux Ursulines de Langres et y mourut d'épuisement à l'âge de 26 ans.

Peu après, Diderot se lance dans l'écriture d'un autre texte qu'il gardera toujours secret, même à ses amis : le *Neveu de Rameau*. Cent pages de dialogue mettent aux prises deux personnages attablés au café de la *Régence*. L'un s'appelle Moi, c'est un philosophe raisonnable et vertueux, mais dont la morale paraît bien fade. L'autre s'appelle Lui, c'est le neveu du grand compositeur Rameau, un insolent pique-assiette, un raté cynique, un étourdissant parleur. Au cœur du dialogue entre Diderot et son double, deux questions cruciales : à quoi bon être vertueux ? qu'est-ce que le génie ? À la différence de beaucoup de ses écrits, ce texte, d'allure si désinvolte, sera relu, corrigé, « limé », jusqu'en 1775. Parce qu'il touche les points les plus sensibles de sa philosophie, parce que Diderot a enfin trouvé une forme littéraire qui lui ressemble : le dialogue philosophique.

Pour achever l'*Encyclopédie*, Diderot peut s'appuyer sur un auxiliaire incomparable et désintéressé, le chevalier de Jaucourt. C'est un protestant féru de théologie et de médecine, parlant cinq langues. Bourreau de travail, il ne s'ennuie jamais *à moudre des articles*, écrit Diderot à Sophie, et il ajoute sans y croire : *Dieu le fit pour cela.* L'infatigable Jaucourt, que beaucoup regardent avec mépris comme une bête de somme, finira ainsi par écrire le tiers des articles de l'*Encyclopédie.*

Mais le 12 novembre 1764, c'est la catastrophe ! Diderot découvre que l'éditeur Le Breton, par crainte d'autres déboires avec les autorités, a caviardé tous les articles qu'on lui a envoyés depuis cinq ans. Pire ! il a totalement détruit les originaux. Jamais Diderot n'entrera dans pareille rage. L'*Encyclopédie* saccagée par un marchand menteur, cynique ! L'œuvre de sa vie défigurée ! Pourtant le philosophe décide de ne pas la désavouer. Le vent politique tourne avec la débâcle soudaine des jésuites qui viennent d'être expulsés de France. Les dix derniers volumes, mutilés, reçoivent l'autorisation d'être imprimés et livrés à leurs souscripteurs étrangers et provinciaux. Mais, bizarrement, pas aux Parisiens. Ceux qui en ont les moyens se font livrer dans leurs résidences de campagne et le tour est joué. Épilogue en avril 1766 : cette fois c'est Le Breton qui se retrouve huit jours à la Bastille pour avoir distribué quelques exemplaires à Versailles ! Quant aux volumes de planches, ils continuent de paraître jusqu'en 1772. Les éditeurs peuvent se frotter les mains, l'*Encyclopédie* leur aura rapporté 35 fois la mise.

Diderot n'est certes pas enchanté de l'ouvrage qui a trop souffert du bâclage et de l'autocensure, mais il est enfin libre. Libre de se passionner pour la peinture. Libre de s'occuper de sa fille unique et adorée, Angélique, qui arrive à l'adolescence. Depuis le jour de sa naissance, il songe à la marier au fils d'un bon bourgeois de

Illustration pour La Religieuse.

« C'est à l'être tranquille et froid comme moi qu'il appartient de dire : cela est vrai, cela est bon, cela est beau. »
(Rêve de D'Alembert)

EST-IL BON ? EST-IL MÉCHANT ? *AVEC MAURICE GAREL ET JEAN-PHILIPPE PUYMARTIN, EN 1984.*

Langres. Mais, auparavant, il faut qu'elle échappe à la bigoterie de sa mère et qu'elle apprenne deux ou trois choses qu'on taisait ordinairement aux jeunes filles. *Je ne lui laissai rien ignorer de tout ce qui pouvait se dire décemment.* La morale qu'il défend obstinément, fondée sur la raison et le bonheur, ne se bâtit pas sur des mensonges. Diderot, pourtant, verra sans plaisir Angélique épouser, à 19 ans, cet Abel Caroillon de Vandeul qu'il lui a choisi depuis toujours. *Je te laisse aller avec une peine que tu ne saurais concevoir.* [...] *Ma solitude m'est insupportable.* Depuis longtemps, il est question d'un voyage à Saint-Pétersbourg. L'impératrice Catherine II lui a fait les offres les plus généreuses. En 1765, elle lui a acheté sa bibliothèque : non seulement il en conserve la jouissance jusqu'à sa mort, mais encore il reçoit une belle somme et une pension à vie. Diderot est devenu son chargé d'affaires culturelles et lui envoie des artistes, des savants, notamment son ami le sculpteur Falconet. Enfin, le 11 juin 1773, il quitte Paris. À La Haye, il se sent si bien chez l'ambassadeur russe Galitzine qu'il y reste près de trois mois. Evitant Berlin et l'hospitalité pesante de Frédéric II, il parvient à Saint-Pétersbourg le 8 octobre, complètement fourbu. L'impératrice le reçoit chaque jour pour de longues conversations sur tous les sujets. Expérience insolite pour Diderot qui n'a jamais fréquenté aucune cour, encore moins une tête couronnée.

CHEZ CATHERINE II

Le philosophe s'informe, propose des projets de réforme dans l'agriculture, l'éducation, les universités... On l'écoute, on le congratule, on l'élit membre d'honneur de l'Académie des sciences, mais rien ne bouge et Diderot brûle déjà de repartir. En avril, de retour en Hollande, il règle ses comptes avec le despotisme éclairé cher à bien des philosophes. Ses *Observations sur le Nakaz* (code de lois qu'une commission a élaboré pour la tsarine) débutent ainsi : *Il n'y a point de vrai souverain que la nation, il ne peut y avoir de vrai législateur que le peuple.* Dans sa *Réfutation d'Helvétius,* il met les points sur les i : *Le gouvernement arbitraire d'un prince juste et éclairé est toujours mauvais.*

MELCHIOR, BARON DE GRIMM (1723-1807).

Le règne de Louis XV (1721-1774) s'achève enfin. Le parti philosophique compte sur Turgot qui vient d'être nommé contrôleur général. Diderot sexagénaire, malgré la fortune et les honneurs enfin venus, ne renie rien des idées de sa jeunesse. Discrètement, il collabore avec l'abbé Raynal qui remanie son *Histoire des deux Indes*, y apportant et la vigueur de son style et l'audace de ses idées politiques. Tant et si bien que le livre sera condamné par le parlement de Paris en 1781 et que Raynal sera déclaré de prise de corps. Grimm, qui ignore la part que Diderot a prise dans ce livre, fustige les imprudences de Raynal. Diderot se fâche et envoie à ce faux ami qui l'accompagne partout depuis trente ans une lettre sanglante où il dénonce *son âme amenuisée dans les antichambres des grands.* [...] *Mon ami, je ne vous reconnais plus ; vous êtes devenu, sans vous en douter peut-être, un des plus cachés mais un des plus dangereux antiphilosophes.*

À 69 ans, Diderot cause un dernier scandale avec son *Essai sur les règnes de Claude et de Néron*. Le roi, par l'intermédiaire de son garde des Sceaux, lui adresse des remontrances. Diderot, malade d'« hydropisie », ne travaille plus guère. On le saigne, parfois trois fois par demi-journée. Le curé de la paroisse le visite, lui promet une sépulture chrétienne en échange d'une petite rétractation de ses

3 ouvrages. *Je ferais un impudent mensonge*, répond-il. Le 22 février 1784, Sophie Volland meurt, lui léguant sa bague et son exemplaire des *Essais* de Montaigne. Angélique de Vandeul, qui veille son père, rapporte qu'il « lui donna des larmes, mais [qu'] il se consola par la certitude de ne pas lui survivre longtemps ». Dernier cadeau de Catherine II : la tsarine fait aménager pour son bibliothécaire un appartement luxueux afin qu'il passe agréablement les derniers mois de sa vie. Diderot et Antoinette quittent donc le quatrième étage de la rue Taranne, près de Saint-Germain-des-Prés, où ils demeuraient depuis trente ans. Le 31 juillet vers midi, Diderot meurt dans ce bel appartement de la rue Richelieu où il n'a pas séjourné un mois. Le curé de la paroisse Saint-Roch, point trop regardant, accepte d'inhumer le philosophe dans le caveau de la Vierge mais il n'y demeure pas longtemps. Pendant la Révolution, la tombe est saccagée et le corps de Diderot le matérialiste s'est dispersé dans la matière de l'Univers.

Philippe Sollers : Diderot, c'est le rythme, la véhémence, la brièveté.

Le XVIIIe, c'est un peu votre siècle ?

Demandez-vous plutôt pourquoi je suis aujourd'hui le seul écrivain français à m'approprier cette littérature. Pourquoi c'est en Angleterre qu'on publie des biographies de Voltaire. Pourquoi on continue à ignorer ici des pensées aussi fortes, aussi révolutionnaires que celles de Montesquieu, de Sade, de Casanova. Et celle de Voltaire sur qui flotte depuis le XIXe siècle un immense contresens. Le XVIIIe siècle, c'est une leçon formidable d'insolence, d'irrespect systématique, de dévoilement des grimaces sociales, de mépris de la fausse profondeur et de toutes les formes de prédication hypocrite (notamment celle des fameux Droits de l'homme). C'est un siècle qui ose mettre le plaisir au-dessus de tout (à

l'exception de Rousseau), qui ose se demander ce qu'est le goût.

Et Diderot ?

Diderot, je l'ai découvert avec le Neveu de Rameau. *Un foudroiement. Une leçon de rythme, de style, un texte qui dit comment écrire de façon rapide, véhémente, variée.* Mes pensées, ce sont mes catins, *quel programme ! Et les* Lettres à Sophie Volland *! J'aime surtout celles qu'il écrit de Russie, juste avant son retour. Pour le naturel avec lequel est abordée l'intrigue amoureuse. On devine qu'elle concerne simultanément les deux sœurs. Ni hypocrisie ni pathos. Le rousseauisme et tout le* XIX*e siècle ont fait perdre ce naturel en amour, cette vérité des relations physiques qu'on a drapée dans le mensonge des sentiments.*

Philippe Sollers dans le rôle de Diderot, image tirée du film réalisé pour la télévision par J.P. Fargié.

Vous ne citez pas* Jacques le Fataliste *?

Je sais bien que Jacques *fait partie du credo du Nouveau Roman mais ce n'est pas ce que je préfère. C'est trop contrôlé. Diderot est fulgurant, électrique, quand il se met en situation expérimentale. Comme dans le* Neveu *ou le* Rêve de D'Alembert. *Son désordre, ses bassesses, il ne peut pas assumer totalement. Pour se dégager de la gangue des bons sentiments, il lui faut créer un neveu ou d'Alembert. Dans le dialogue avec cet autre, il ose tout dire et ça devient vraiment intelligent. Sinon, Diderot reste convenu, bourgeois. Voltaire est en fait beaucoup plus scandaleux, plus diabolique.*

Alors vous préférez Voltaire ?

Oui, plus je le lis, plus je trouve que Voltaire va plus loin. Plus

Interview

loin dans l'athéisme amoureux, plus loin dans le matérialisme, plus loin dans la levée des masques. Diderot croit encore trop à la bonté immamente de l'homme, à la vertu, au mirage d'une famille réconciliée. À Greuze, quelle horreur ! Voltaire ne croit à rien, et surtout pas aux sentiments nobles dont on habille ses vices. Comparez Voltaire et Diderot en voyage : Diderot en Russie ne comprend rien de ce qui l'entoure. Il propose son programme. On n'en veut pas. Il s'en retourne déçu. Voltaire en Prusse est au centre de toutes les intrigues. L'argent, le sexe, le pouvoir, il s'intéresse à tout, il se mêle de tout. Diderot, lui, reste à l'écart. Pour un écrivain, la naïveté, la pureté, ce sont des faiblesses. Un écrivain doit d'abord avoir une vie.

Vous trouvez la vie de Diderot trop sage ?

*À côté de celle de Voltaire, elle est plutôt ennuyeuse. Il a travaillé, mais a-t-il assez vécu ? A-t-il assez percé les mensonges de son siècle ? J'aimerais qu'il ait écrit des Mémoires où il dise ce qu'a vraiment été l'*Encyclopédie *pour lui. Qu'il se moque un peu de lui et de sa grande œuvre. De toute cette copie, fastidieuse au fond.*

Vous avez joué le personnage de Diderot pour la télévision...

C'était un film réalisé par Jean-Paul Fargié. Allongé sur un canapé, en costume d'époque, j'étais entouré de deux belles filles. L'une, un peu derrière moi, dans la position du psychanalyste. L'autre qui me caressait et m'embrassait. Un long baiser en gros plan. Moi, je débitais des passages de la Lettre sur les aveugles. *On a tourné dans les jardins du Palais-Royal, sous les fenêtres du ministre de la Culture. La télévision ne l'a encore jamais diffusé. Certains amis disent que je ressemble un peu à Diderot. De profil, vous ne trouvez pas ?*

Propos recueillis par Anne Brunswic

L'Accordée de village *par Jean-Baptiste Greuze.*

Le premier critique d'art

En peinture comme au théâtre, Diderot aime la vérité et la morale. Il arpente les Salons, encense Greuze et Chardin.

Passionné de peinture, le libertin auteur des *Bijoux indiscrets* fut par un singulier paradoxe le plus puritain des critiques d'art. Sa vie entière, il rêva d'une peinture morale, édifiante. Il la trouva chez Greuze. En revanche, la virtuosité lascive de Boucher lui inspira les commentaires les plus féroces.

En 1759 son ami Grimm lui demande, pour la *Correspondance littéraire*, de rendre compte du Salon qui vient d'ouvrir ses portes au Louvre. La fine fleur de la peinture officielle française y exhibe son « faire », comme on disait à l'époque. Diderot assurera les comptes rendus de neuf Salons mais, en cette année 1759, il fait ses premières armes dans un métier qu'à vrai dire il

invente : la critique d'art. En se rendant au Louvre avec son calepin et un œil sûr, le philosophe innove. Alors que tant de ses contemporains concoctent dans le silence de leurs cabinets de laborieux traités d'esthétique dissertant sur l'essence du beau, Diderot, lui, va voir sur place. Selon lui, la grande peinture se reconnaît à deux qualités cardinales : la vérité et la morale. Puissance d'illusion, la peinture doit restituer le chatoiement de la réalité. Surtout, le tableau doit proposer le réconfortant spectacle de bonnes mœurs et de bonnes actions. À l'aube de la Révolution, les vertus bourgeoises, loin d'être dévaluées, s'élèvent comme une protestation contre le dévergondage aristocratique.

Voici votre peintre et le mien, le premier qui se soit avisé parmi nous de donner des mœurs à l'art..., s'exclame Diderot à propos de Greuze (*Salon de 1765*). Greuze en effet ne badine pas : ses chefs-d'œuvre, *Piété filiale*, *Le Fils ingrat*, *L'Accordée de village*, exaltent la famille. Dans

Piété filiale, un vieillard paralytique est entouré de l'affection de tous les siens. L'activité de la maisonnée se suspend pour écouter l'aïeul. La composition du tableau s'ordonne autour de cette vertu sublime qu'est la compassion. Diderot tombe en arrêt devant Chardin, si différent de l'austère Greuze. Quelle puissance d'illusion dans cette nature morte ! *Ô Chardin ! ce n'est pas du blanc, du rouge, du noir que tu broies sur la toile : c'est la substance même des objets, c'est l'air et la lumière que tu prends à la pointe de ton pinceau et que tu attaches sur la toile.* Ses sujets sont simples, familiers, à cent lieues des compositions mythologiques et historiques que couronne l'Académie. François Boucher, premier peintre du roi, jette tous ses feux. Diderot subit son charme malgré lui car Boucher est un magnifique coloriste, mais il exècre sa *dépravation*. Du coup, dans ses toiles, tout lui semble faux : *Il y a trop de mines, de manières, d'afféteri*, écrit-il à propos de ses bergères fardées comme des marquises.

Si Diderot met tant de morale dans ses jugements, c'est qu'il est, devant un tableau, bien plus que spectateur. Abolissant toute distance, il entre dans cette toile où la vie palpite, prêt à intervenir dans l'action. Et lorsqu'il la juge, c'est moins l'esthète que l'écrivain, le dramaturge qui parle.

Alain Rubens

LE SOUFFLEUR OU CHIMISTE, *PAR JEAN-BAPTISTE CHARDIN.*

Diderot, rattrapé par le théâtre

L'encyclopédiste triomphe aujourd'hui au théâtre, non par ses pièces, mais par ses romans et ses dialogues philosophiques.

L'histoire des rapports de Diderot avec le théâtre s'écrit comme une succession de paradoxes. Premier paradoxe : le siècle des Lumières fut théâtromane à la folie, mais, sur les quinze mille pièces écrites en France au XVIIIe siècle, moins de trente sont encore jouées aujourd'hui : une vingtaine de Marivaux, deux de Beaumarchais et aucune pour Diderot. Enterrés ses deux drames bourgeois, *Le Fils naturel* (1757) et *Le Père de famille* (1758). Oubliée sa comédie *Est-il bon ? Est-il méchant ?* (1777). Mais l'infortune de Diderot n'est rien à côté de celle de Voltaire, auteur de 27 tragédies tombées en poussière.

Second paradoxe : Diderot est l'auteur de la première grande théorie théâtrale post-classique, celle du drame bourgeois, mais Beaumarchais, son disciple, sut mieux que lui la faire fructifier. Dans *Les Entretiens avec Dorval* que Diderot publie en même temps que *Le Fils naturel*, en commentant sa pièce, il développe ses principes. De quoi s'agit-il ? D'inventer, entre la tragédie classique moribonde et la pure comédie trop invraisemblable, un nouveau genre : des pièces en prose traitant sur un mode sérieux, voire pathétique, des situations privées de la vie contemporaine. Finis les princes et les reines, les draperies antiques, la tyrannie mécanique des alexandrins. Finies les répliques brillantes, la verve bouffonne. Le drame bourgeois, genre sérieux et moralisateur, se veut moderne et réaliste. La scène se passe dans un appartement bourgeois. Les personnages sont confrontés à des conflits familiaux. Le théâtre devient miroir. Mais la théorie ne réussit guère à son auteur qui en tire dans *Le Père de famille* et *Le Fils naturel* des dialogues ternes et des situations pas assez sombres pour émouvoir. Diderot formula lui-même vers 1773 le *Paradoxe du comédien* (publié en 1830). La plus antique tradition proclame que, pour faire ressentir, il faut sentir. Faux ! déclare Diderot : *le grand acteur est un être de sang-froid qui ne mise pas sur la sensibilité et l'émotion mais sur l'intelligence reconstructrice.* Cette thèse provocante découle de sa réflexion sur la sensibilité et sur l'art. Depuis le XIXe siècle, le fracas n'a pas cessé. Les plus grands acteurs, Sarah Bernhardt, Copeau, Dullin, Jouvet, n'ont cessé de croiser le fer avec celui qu'on dénonça comme un grand théoricien mais piètre technicien.

Le dernier paradoxe, c'est que le triomphe actuel de Diderot au théâtre ne doit rien aux trois pièces qu'il a écrites. Le théâtre l'a rattrapé et annexé là où il ne l'attendait pas : par ses romans et ses dialogues philosophiques. Sans doute parce que là se trouve le véritable Diderot, causeur éblouissant, penseur antidogmatique qui ne cesse de s'adresser à lui-même cent objections. Qu'il s'agisse de Dieu, de l'art, du théâtre de la morale ou des tabous sexuels, Diderot n'assène pas de vérité ; il met en scène le choc des idées et des positions sociales, imagine la situation du dialogue et déploie là-dessus la virtuosité inégalée de sa conversation.

Depuis 1950, *Jacques le Fataliste* et le *Neveu de Rameau* sont constamment à l'affiche des théâtres avec pour interprètes Pierre Fresnay, Michel Bouquet, Francis Huster... Ces dernières années, le public a pu découvrir sur les planches de nouveaux textes philosophiques : les *Entretiens avec Dorval*, le *Rêve de D'Alembert* ou l'*Entretien d'un philosophe avec la Maréchale de****. Car le spectateur d'aujourd'hui n'attend plus nécessairement au théâtre des intrigues bien ficelées, il est prêt à goûter les plaisirs de l'intelligence, le heurt sensuel et joyeux des idées.

Jean Goldzink

Le Neveu de Rameau, en 1964, avec Pierre Fresnay.

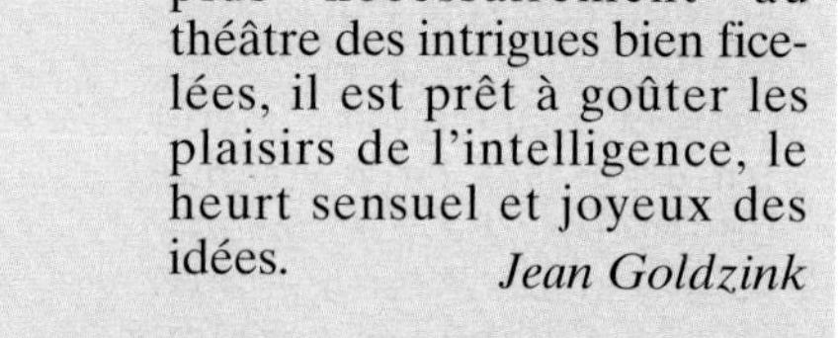

À droite, Diderot, page manuscrit de L'Encyclopédi

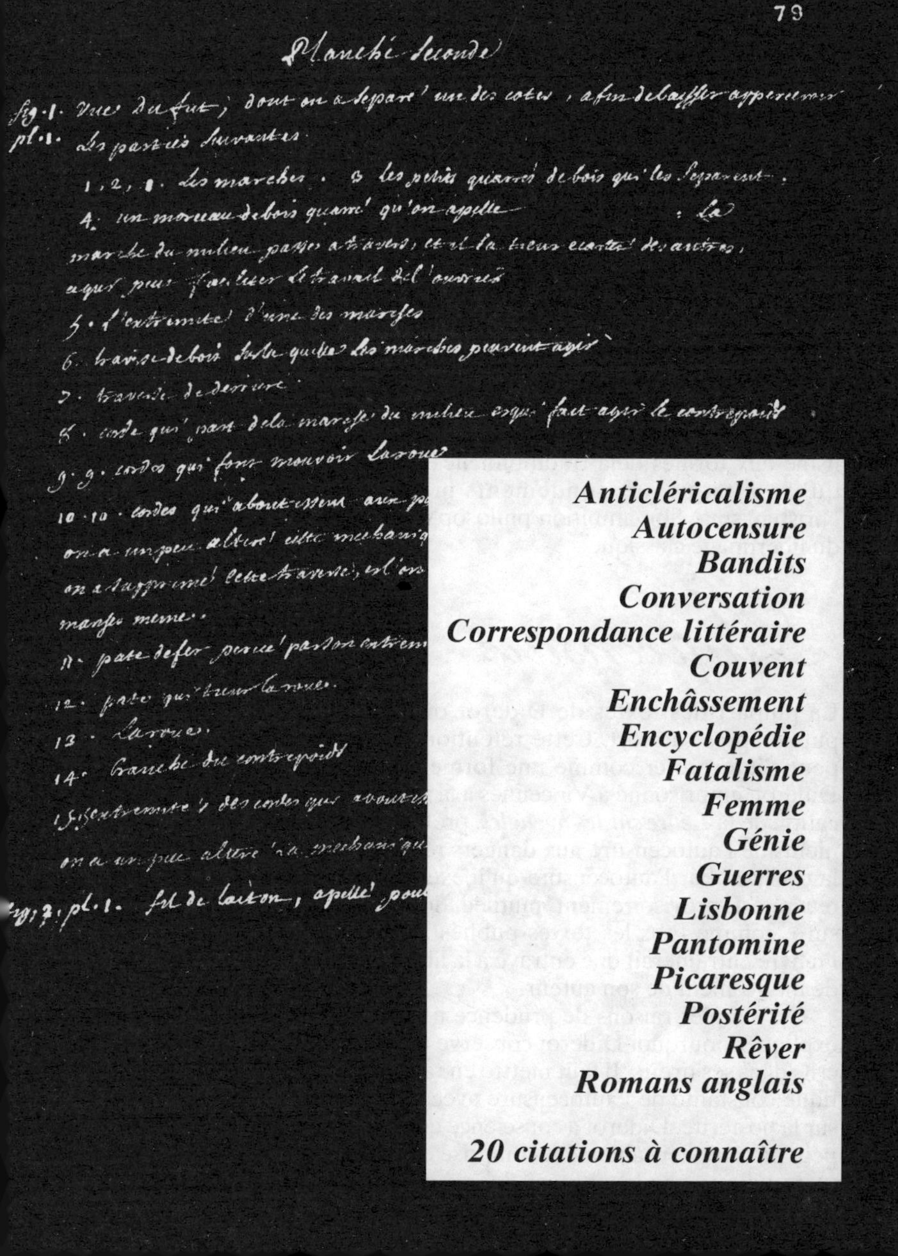

Planche seconde

fig. 1. Vue du fut ; dont on a separé une des cotes, afin de laisser appercevoir

pl. 1. Les parties suivantes.

1, 2, 3. Les marches. a les petits quarrés de bois qui les separent.

4. un morceau de bois quarré qu'on apelle : La

marche du milieu passe à travers, et il la tient ecartée des autres,

5. l'extremité d'une des marches

6. traverse de bois sur laquelle les marches peuvent agir

7. traverse de derriere.

8. corde qui part de la marche du milieu et qui fait agir le contrepoids

9. 9. cordes qui font mouvoir la roue

10. 10. cordes qui aboutissent aux

on a un peu altéré cette mechanique

marche meme.

11. pate de fer percée par son extrem

12. pate qui tient la roue.

13. La roue.

14. branche du contrepoids

15. extremité des cordes qui aboutiss

on a un peu altéré la mechanique

fig. 2. pl. 1. fil de laiton, apellé pou

Anticléricalisme
Autocensure
Bandits
Conversation
Correspondance littéraire
Couvent
Enchâssement
Encyclopédie
Fatalisme
Femme
Génie
Guerres
Lisbonne
Pantomine
Picaresque
Postérité
Rêver
Romans anglais

20 citations à connaître

Anticléricalisme

La satire contre les moines et les institutions conventuelles, telle qu'on la trouve dans *Jacques le Fataliste*, n'est pas propre à Diderot. C'est un thème traditionnel dans la littérature française depuis le Moyen Âge, qui retrouve un regain de vigueur au XVIIIe siècle : les écrivains-philosophes considèrent alors les institutions et les pratiques religieuses comme une entrave à la liberté intellectuelle et comme une forme insupportable d'oppression en général.

Mais la visée critique et polémique des textes de Diderot dépasse cet anticléricalisme aux formes déjà traditionnelles, puisqu'il s'attaque aux fondements même du christianisme. Son ambition philosophique va au-delà du libertinage classique.

Moine franciscain, lithographie anonyme, XVIIIe siècle.

Autocensure

La plupart des textes de Diderot ont été livrés au public après sa mort. Cette rétention de manuscrits peut s'interpréter comme une forme d'autocensure. Diderot, emprisonné à Vincennes à la suite de la publication de la *Lettre sur les aveugles*, préfère les inconvénients de l'autocensure aux dangers réels qu'implique la censure. Par l'autocensure qu'il exerce sur elle, son œuvre est, provisoirement, mutilée. Soumise à la censure, comme tous les textes publiés à cette époque, l'œuvre entraînerait une entrave à la liberté de corps et de mouvement de son auteur.

Ces simples raisons de prudence ne suffisent pas à expliquer pourquoi Diderot conserve ainsi ses manuscrits dans ses tiroirs. Il faut mettre en rapport cette pratique constante de l'autocensure avec le pari qu'il fait sur la postérité. Diderot a conscience que son œuvre ne peut pas être véritablement comprise et appréciée à sa juste valeur par la plupart de ses contemporains.

Diderot, Lettre sur les aveugles, *page de titre, édition de 1749.*

LETTRE
SUR
LES AVEUGLES,
A L'USAGE
DE CEUX QUI VOYENT.
Possunt, nec posse videntur. Virg.
A LONDRES.
MDCCXLIX.

Inutile, dans ces conditions, de la leur livrer dans son intégralité, *a fortiori* en prenant le risque de payer de sa personne.

Bandits

Au XVIIIe siècle, le bandit a une existence à la fois sociale et littéraire : c'est en effet un des personnages traditionnels du roman depuis le roman picaresque.

On trouve dans *Jacques le Fataliste* de nombreux signes qui révèlent cette importance du bandit comme figure sociale attestée et comme personnage intégré à la tradition romanesque. À la fin du roman, Jacques *se trouve enrôlé dans la troupe de Mandrin* (p. 329), fameux brigand du XVIIIe siècle : Mandrin recrute ses troupes dès 1754, parcourt le Languedoc, le Forez, la Bresse, le Lyonnais, la Bourgogne, le Rouergue, la Franche-Comté, l'Auvergne. Il attaque des villes : Bourg-en-Bresse (le 5 octobre 1754), Beaune, Autun. Contrebandier et chef de bande, il engage une guerre à outrance contre le fisc (la Ferme). On détache contre lui le régiment de Magallon de La Morlière. Trahi par sa maîtresse, il est enlevé par un détachement et roué vif en mai 1755.

Le bandit Cartouche dans son cachot, gravure, 1720.

L'utilisation de ce bandit réel dans le récit fournit un indice pour établir une chronologie interne du roman.

Conversation

Diderot est passé maître dans l'art de la conversation. Il en fait l'éloge dans une lettre à Sophie Volland du 20 octobre 1760 : *[...] comme il n'y a rien de décousu ni dans la tête d'un homme qui rêve, ni dans celle d'un fou, tout se tient aussi dans la conversation ; mais il serait quelquefois bien difficile de retrouver les chaînons imperceptibles de tant d'idées disparates. Un homme jette un mot qu'il détache de ce qui a précédé et suivi dans sa tête ; un autre en fait autant, et puis attrape qui pourra.*

Pour Diderot, l'écriture et l'exercice de la pensée ne prennent jamais un tour muet où n'interviendrait, autoritairement, qu'une seule voix : ses textes ne sont donc pas monologiques, car ils utilisent plusieurs voix différentes. On pourrait parler de textes polyphoniques (au sens musical du terme), d'autant plus que Diderot a écrit de nombreux dialogues. Cette utilisation de la conversation correspond bien à l'esprit de la philosophie des Lumières, qui ne se réduit pas à faire se succéder des opinions dans un ordre purement chronologique, mais privilégie l'art et la manière de conduire des débats d'idées.

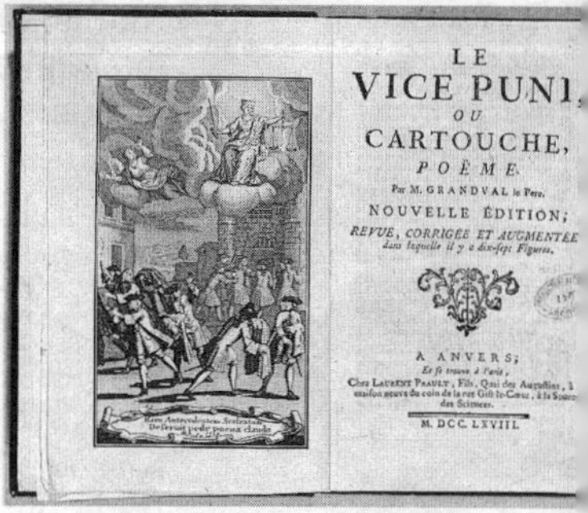

Le Vice puni ou Cartouche, *couverture de l'ouvrage, 1768.*

« Correspondance littéraire »

Cette revue clandestine, dirigée par Friedrich Melchior Grimm puis par Meister, a été envoyée, de 1753 à 1793 (et jusqu'en 1813), à un petit nombre de souverains et de princes « éclairés » de l'Europe. Diderot y a fait paraître de nombreux textes.

Diderot et Friedrich Melchior Grimm, directeur de la revue Correspondance littéraire.

Couvent

Diderot considère les couvents comme un lieu contre nature. Il en fait une satire féroce dans *La Religieuse* où il écrit : *Il n'y a que dans les couvents où l'humanité puisse s'éteindre à ce point.* La colère de Diderot contre l'institution conventuelle n'est pas seulement idéologique et philosophique. Elle s'explique aussi par des motifs d'ordre biographique : Diderot, élève des jésuites dans la ville de Langres, fut tonsuré à treize ans

« par provision » ; son chanoine d'oncle pensait qu'il lui succèderait. Il lui est arrivé de jeûner et même de porter le cilice. En 1728, il quitte Langres pour Paris où il doit devenir jésuite. Mais il y renonce, dédaignant également les injonctions paternelles de se faire au moins médecin ou avocat.

Rappelons également que, quand Diderot compare le couvent à une prison, il sait de quoi il parle, puisqu'il a lui-même été enfermé à Vincennes de juillet à novembre 1749, à la suite de la publication de la *Lettre sur les aveugles*.

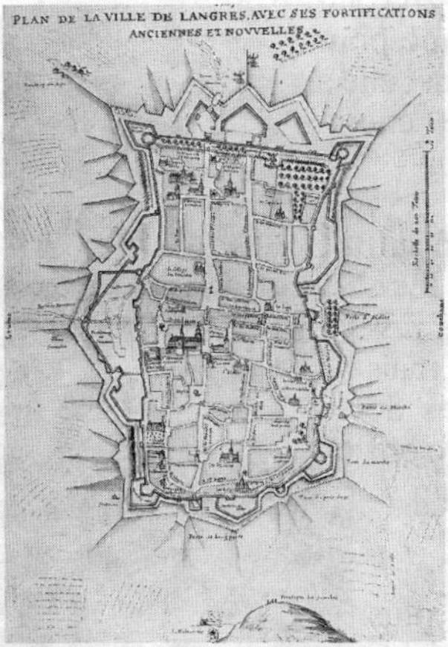

Plan de la ville de Langres.

À cette expérience personnelle, il faut ajouter celle de sa sœur Angélique, née en 1720, qui mourra religieuse et folle aux Ursulines de Langres en 1748. Dans certaines ébauches de *La Religieuse*, le prénom de l'héroïne est effectivement Angélique, non pas Suzanne. Il n'est pas anodin non plus de savoir que le frère de Diderot était un abbé fanatique. Enfin il faut replacer le roman dans le projet éducatif de Diderot pour sa fille Angélique. Dans une lettre à Sophie Volland, il écrit : *Mon Angélique n'ira point au couvent, cela est décidé dans ma tête* (7 octobre 1762).

L'écriture romanesque et fictionnelle n'est donc pas seulement un jeu idéologique et philosophique, mais une réécriture d'une mythologie personnelle.

Enchâssement

On dit qu'un récit (R2) est *enchâssé* dans un autre récit (R1), lorsque le narrateur du récit enchâssé est un personnage appartenant au récit premier (R1). Le cas le plus exemplaire dans *Jacques le Fataliste* est l'histoire de Mme de La Pommeraye (R2), racontée par l'hôtesse de l'auberge, qui est un personnage du récit premier (R1), celui du voyage de Jacques et de son maître. Cette pratique de l'enchâssement peut proliférer jusqu'au vertige, les récits s'emboîtant les uns dans les autres suivant le modèle R1< R2< R3… *Les Mille et Une Nuits* constituent le modèle du genre.

Encyclopédie

L'entreprise date de 1745. Le contrat est signé en 1748 (Diderot et d'Alembert sont les co-directeurs). Le premier volume paraît en 1751. En 1778, il y aura 28 volumes, dont 11 de planches. Cette œuvre énorme pour l'époque a occupé 1 000 ouvriers pendant 25 ans ; elle a eu 2 500 souscripteurs ; on en a vendu 4 250 exemplaires alors qu'un tirage normal était de 1 500.

Le prix d'achat élevé de la première édition suffit à définir la catégorie de lecteurs à laquelle le livre s'adresse. Les listes de souscripteurs qui nous restent sont en général composées de bourgeois, mais aussi de cadres de l'administration, de militaires, de gens d'Église. Ceux qui n'ont pas acheté le livre ont pu le consulter dans les cabinets de lecture qui se multiplient au XVIIIe siècle.

Comme rédacteur, Diderot s'est occupé plus particulièrement de trois domaines : des articles techniques, des articles de politique et d'une histoire de la philosophie à partir de l'ouvrage en latin de Jakob Brucker, protestant allemand, qu'il s'approprie en le transformant en un manifeste contre l'esprit dogmatique.

*Frontispice de l'*Encyclopédie *de 1751-1780.*

Fatalisme

Le fatalisme est un courant philosophique selon lequel tout ce qui arrive à un individu est nécessaire. C'est un concept philosophique élaboré autour de la notion de fatalité, idée ou croyance populaire d'après laquelle

« ça devait arriver » ou encore « c'était écrit ». Le fatalisme suppose qu'il existe un destin (plutôt malheureux), lié à l'idée d'accident ou de catastrophe. L'avenir est nécessaire soit parce que la divinité prévoit tout et le préétablit même en gouvernant toutes les choses de l'univers, soit parce que tout arrive nécessairement par l'enchaînement des causes, soit enfin par la nature même de la vérité qui est déterminée dans les énonciations qu'on peut former sur les événements futurs. Étymologiquement, le mot fatalisme est issu du latin *fatum* (de *fari* : parler, dire), le sort annoncé.

Portrait de Diderot sur la page de titre de La Religieuse, *édition 1832.*

Dans le roman de Diderot, Jacques est le champion du fatalisme, puisque dès le titre, l'adjectif *fataliste* est accolé à son prénom, tel un épithète de nature, et lui sert presque de nom de famille… Diderot, en faisant défendre le fatalisme par un personnage qui n'a pas les moyens de le faire autrement qu'en répétant, tel un automate, ce que son capitaine disait, critique cette doctrine philosophique de l'intérieur, en la subvertissant par l'ironie. La fiction sert donc à contester l'idéologie.

Femme

Diderot est l'auteur d'un *Essai sur les femmes* (mars 1772), sujet auquel il s'est toujours beaucoup intéressé autant pour des raisons scientifiques et idéologiques que pour des raisons personnelles. Dictée par ce cri du cœur, *Femmes, que je vous plains !,* son œuvre sera un manifeste pour ce qui ne s'appelle pas encore la condition féminine. Il s'agit pour lui d'ôter à l'être masculin sa prétention à être le seul sujet de l'humanité.

La Religieuse (1760) est essentiellement un roman de et sur les femmes, où les rares figures masculines qui apparaissent sont presque toutes dégradées. Diderot, dans un mélange d'humour et de colère, s'y insurge contre la condition antinaturelle qui est imposée aux femmes dans les milieux conventuels, condition qui les mène à tous les dérèglements. Le couvent nie la nature sociale de l'être humain, il fait de la femme un monstre, une bête féroce ou un automate : *Voilà l'effet de la retraite. L'homme est né pour la société*. Suzanne Simonin, l'héroïne de ce roman-mémoires, passera donc entre les mains de trois monstres créés par la vie cloîtrée, et mis sur le même plan : la mystique, la sadique et la lesbienne.

Entre la vie et l'œuvre, de la femme aimée à la femme écrite : la femme la plus importante dans la vie et dans l'œuvre de Diderot reste Sophie Volland, Louise-Henriette de son vrai prénom. Leur amour durera 30 ans, jusqu'à leur mort, la même année. Diderot lui écrit plus de 500 lettres qui remplissent, dans le processus de sa création littéraire, la fonction de laboratoire et de réservoir. Nous ne connaissons aucune lettre d'elle, ce qui fait de cette correspondance un dialogue à une seule voix, où se disent le désir et la douleur de l'absence.

Génie

C'est une notion d'esthétique et de morale, à laquelle Diderot s'est beaucoup intéressé. L'article « Génie » de l'*Encyclopédie* n'est pas de lui, mais il l'a remanié :

> *Le génie est frappé de tout, et dès qu'il n'est point livré à ses pensées et subjugué par l'enthousiasme, il étudie, pour ainsi dire, sans s'en apercevoir ; il est forcé par les impressions que les objets font sur lui à s'enrichir sans cesse de connaissances qui ne lui ont rien coûté ; il jette sur la nature des coups d'œil généraux et perce des abîmes. Il recueille dans son sein des germes qui y entrent imperceptiblement et qui produisent dans le temps des effets si surprenants qu'il est lui-même tenté de se croire inspiré.*

L'Étude guidant l'essor du génie, *gravure de Chaponnier d'après Prudhon, fin du XVIII*ᵉ *siècle.*

JACQUES
LE FATALISTE
ET SON MAÎTRE

Comment s'étaient-ils rencontrés? Par hasard, comme tout le monde. Comment s'appelaient-ils? Que vous importe? D'où venaient-ils? Du lieu le plus prochain. Où allaient-ils? Est-ce que l'on sait où l'on va? Que disaient-ils? Le maître ne disait rien, et Jacques disait que son capitaine disait que tout ce qui nous arrive de bien et de mal ici-bas était écrit là-haut.

Diderot, Jacques le Fataliste et son maître, *édition de 1884.*

Guerres

Jacques le Fataliste fait référence à des événements historiques. Par exemple, dès le début du roman, Jacques fait commencer l'histoire de ses amours à la bataille de Fontenoy (11 mai 1745) : c'est une victoire française dans la guerre de la Succession d'Espagne. Diderot évoque également la prise, par les Français, de Bergen op Zoom en Hollande, le 16 septembre 1747, pendant la guerre de la Succession d'Autriche. Enfin Diderot fait référence à la guerre de Sept Ans contre l'Angleterre et la Prusse (1756-1763) et à la prise de Port-Mahon, le 20 avril 1756.

Lisbonne

Cette ville, capitale du Portugal, fut presque entièrement détruite, le 1er novembre 1755, par un tremblement de terre, qui fit 30 000 morts et causa une profonde impression dans toute l'Europe. Le désastre de Lisbonne trouble les philosophes des Lumières, qui éprouvent de grandes difficultés à penser le problème du mal, en particulier Voltaire (voir p. 109). Dans *Jacques le Fataliste*, Jean, le frère de Jacques, est mort dans le tremblement de terre de Lisbonne (Folio, p. 81).

Pantomime

Au masculin, le terme est rare ; il désigne un acteur qui interprète des rôles entièrement muets. Ainsi le neveu de Rameau peut-il se vanter d'être *excellent pantomime.* Au féminin, il désigne un jeu de mime, l'art de s'exprimer au théâtre par la danse, le geste, la mimique, sans recourir au langage. Le neveu de Rameau est un génie de la pantomime, qu'il s'agisse d'imiter un orchestre, une scène de séduction d'une jeune fille ou des personnages de la société.

On sait d'autre part que Diderot, dans son esthétique théâtrale, privilégie la pantomime au détriment de la parole. Son goût pour la pantomime influence également son écriture romanesque, *La Religieuse* en particulier, où l'on trouve un très grand nombre de tableaux vivants et une esthétique très marquée par le théâtre.

Picaresque

Le roman picaresque est un genre qui naît en Espagne au milieu du XVIe siècle. Succédant aux romans courtois et chevaleresques, il se présente comme un anti-roman et propose une stylisation narquoise de l'expérience quotidienne sous ses aspects les plus dérisoires. Le *picaro,* réalité de la vie quotidienne muée en personnage de fiction, incarne de façon exemplaire l'anti-honneur, l'envers de la noblesse. Le roman picaresque se caractérise par sa structure ouverte, qui en fait un livre susceptible de développer à l'infini sa spirale.

Le roman français hérite de la tradition picaresque espagnole, comme le montre, par exemple, *L'Histoire de Gil Blas de Santillane* de Lesage. *Jacques le Fataliste* emprunte de nombreux traits à cette forme romanesque : structure du voyage, héros déclassés, rebondissements, bandits, importance de la vie quotidienne...

Portrait de René Lesage, gravure anonyme.

Postérité

En 1766, dans une lettre à son ami, le sculpteur Falconet, qui se soucie plus du succès immédiat que de la gloire posthume, Diderot évoque *le concert lointain*

Diderot, Les Bijoux indiscrets, *page de titre, édition de 1748.*

que donneront ses admirateurs à venir, parce qu'*il n'y a que cette foule d'adorateurs illimitée qui puisse satisfaire un esprit dont les élans vont toujours vers l'infini.* Cet « appel à la postérité » (Arthur Wilson), à la fois interpellation et jugement en appel, lui permet, en mettant son œuvre entre parenthèses, de se protéger de la censure et d'ouvrir un dialogue avec l'avenir. Les grandes œuvres de Diderot seront posthumes, à l'exception des *Bijoux indiscrets.*

Rêver

Au XVIIIe siècle, le « rêve » n'a pas le sens moderne d'activité de l'imagination et de l'inconscient durant le sommeil, telle que l'a décrite Freud dans *L'Interprétation des rêves.* « Rêver » a un sens actif et signifie méditer, penser profondément. On le trouve employé dans le prologue du *Neveu de Rameau.*

Qu'il fasse beau, qu'il fasse laid, c'est mon habitude d'aller sur les cinq heures du soir me promener au Palais-Royal. C'est moi qu'on voit, toujours seul, rêvant sur le banc d'Argenson.

Romans anglais

Portrait de Daniel Defoe, gravure de Freeman, 1831.

Depuis Daniel Defoe, l'auteur de *Robinson Crusoé*, l'Angleterre possède un roman viril, positif, soucieux de transcrire le réel. Ce genre méprise les fadaises et prétend condamner toutes les invraisemblances romanesques. Les héros ne sont plus nécessairement des hommes de qualité, car leur grande qualité consiste à savoir subsister sur les îles désertes (*Robinson Crusoé*).

Une vingtaine d'années après Defoe, Fielding, puis Smollett et une foule d'écrivains mineurs fondent une nouvelle tradition du roman. Leurs personnages sont aussi semblables que possible au lecteur moyen. Ils vivent des aventures ordinaires. Richardson lui-même choisit sa première héroïne, Pamela, en 1740, dans la condition la plus modeste qui soit. Le roman anglais nouveau, destiné à la fière et commerçante Angleterre nouvelle, se forme contre les romans traditionnels.

Laurence Sterne, auteur de *La Vie et les Opinions de Tristram Shandy, gentleman*, n'écrit pas un roman traditionnel, ni un roman de type nouveau. Il travaille en dépit des conventions, des tendances et des emportements du goût, sans savoir ni prévoir comment son livre finira ou de quelle façon il sera reçu.

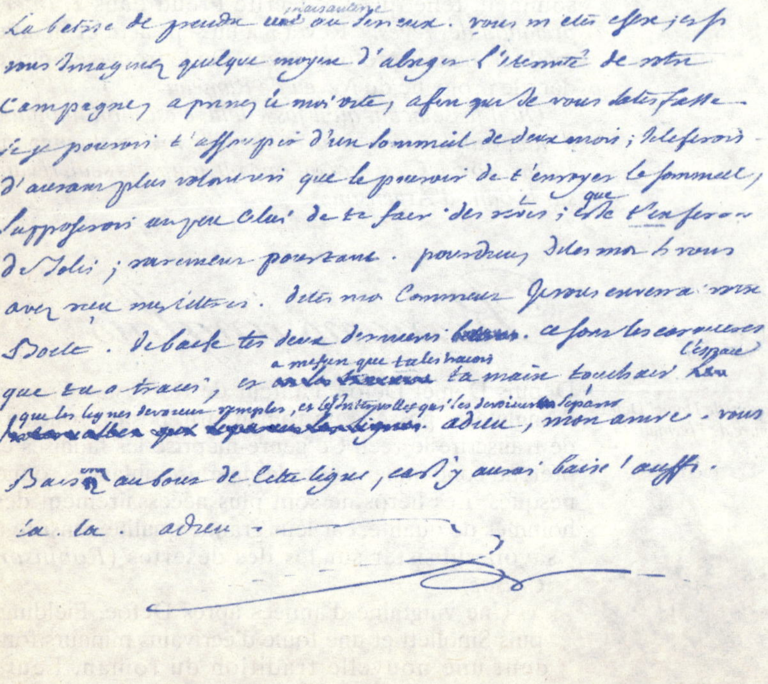

Lettre de Diderot à Sophie Volland, 31 août 1760.

20 citations de Diderot à connaître

Éloge de Richardson

Portrait de Richardson, gravure de Pond, 1739.

Par un roman, on a entendu jusqu'à ce jour un tissu d'événements chimériques et frivoles, dont la lecture était dangereuse pour le goût et pour les mœurs. Je voudrais bien qu'on trouvât un autre nom pour les ouvrages de Richardson, qui élèvent l'esprit, qui touchent l'âme, qui respirent partout l'amour du bien, et qu'on appelle aussi des romans.

Paradoxe sur le comédien

La sensibilité n'est guère la qualité d'un grand génie.

Dans la grande comédie, la comédie du monde, celle à laquelle j'en reviens toujours, toutes les âmes chaudes occupent le théâtre ; tous les hommes de génie sont au parterre. Les premiers s'appellent des fous ; les seconds, qui s'occupent à copier leurs folies, s'appellent des sages.

C'est l'extrême sensibilité qui fait les acteurs médiocres ; c'est la sensibilité médiocre qui fait la multitude des mauvais acteurs ; et c'est le manque absolu de sensibilité qui prépare les acteurs sublimes. Les larmes du comédien descendent de son cerveau.

Salon de 1765

Jean-Baptiste Greuze par lui-même, 1765.

(Sur Greuze) *Voici votre peintre et le mien, le premier qui se soit avisé, parmi nous, de donner des mœurs à l'art, et d'enchaîner des événements d'après lesquels il serait facile de faire un roman.*

Rêve de d'Alembert

Il n'y a aucune différence entre un médecin qui veille et un philosophe qui rêve.

La Religieuse

L'acharnement à tourmenter et à perdre se lasse dans le monde ; il ne se lasse point dans les cloîtres.

La vie claustrale est d'un fanatique ou d'un hypocrite.

Jacques le Fataliste

Un paradoxe n'est pas toujours une fausseté.

JACQUES : Vous avez un goût furieux pour les contes !
LE MAÎTRE : Il est vrai ; ils m'instruisent et m'amusent. Un bon conteur est un homme rare.

JACQUES : Un Jacques, monsieur, est un homme comme un autre.

– Et votre Jacques n'est qu'une insipide rhapsodie de faits, les uns réels, les autres imaginés, écrits sans grâce et distribués sans ordre.
– Tant mieux, mon Jacques en sera moins lu. De quelque côté que vous vous tourniez, vous avez tort. Si mon ouvrage est bon, il vous fera plaisir ; s'il est mau-

vais, il ne fera point de mal. Point de livre plus innocent qu'un mauvais livre.

Le maître : Et pourquoi haïssez-vous les portraits ?
Jacques : C'est qu'ils ressemblent si peu, que si par hasard on vient à rencontrer les originaux, on ne les reconnaît pas. Racontez-moi les faits, rendez-moi fidèlement les propos, et je saurai bientôt à quel homme j'ai à faire. Un mot, un geste m'en ont quelquefois plus appris que le bavardage de toute une ville.

Neveu de Rameau

Mes pensées, ce sont mes catins.

Une société ne devrait point avoir de mauvaises lois ; et si elle n'en avait que de bonnes, elle ne serait jamais dans le cas de persécuter un homme de génie.

Lui : Le meilleur ordre des choses, à mon avis, est celui où je devais être ; et foin du plus parfait des mondes, si je n'en suis pas.

Lui : Il est dur d'être gueux, tandis qu'il y a tant de sots opulents aux dépens desquels on peut vivre.

Lui : Pourrir sous du marbre, pourrir sous de la terre, c'est toujours pourrir.

Lui : La voix de la conscience et de l'honneur est bien faible, lorsque les boyaux crient.

Diderot, le Neveu de Rameau, *frontispice, édition de 1724.*

Lettres à Sophie Volland

Ceux qui se sont aimés pendant leur vie et qui se font inhumer l'un à côté de l'autre ne sont peut-être pas si fous qu'on pense. Peut-être leurs cendres se pressent, se mêlent et s'unissent. Que sais-je ? Peut-être n'ont-elles pas perdu tout sentiment, toute mémoire de leur premier état. Peut-être ont-elles un reste de chaleur et de vie dont elles jouissent à leur manière au fond de l'urne froide qui les renferme.

À droite, page manuscrite de l'itinéraire établi par Diderot pour son voyage en Russie de 1773.

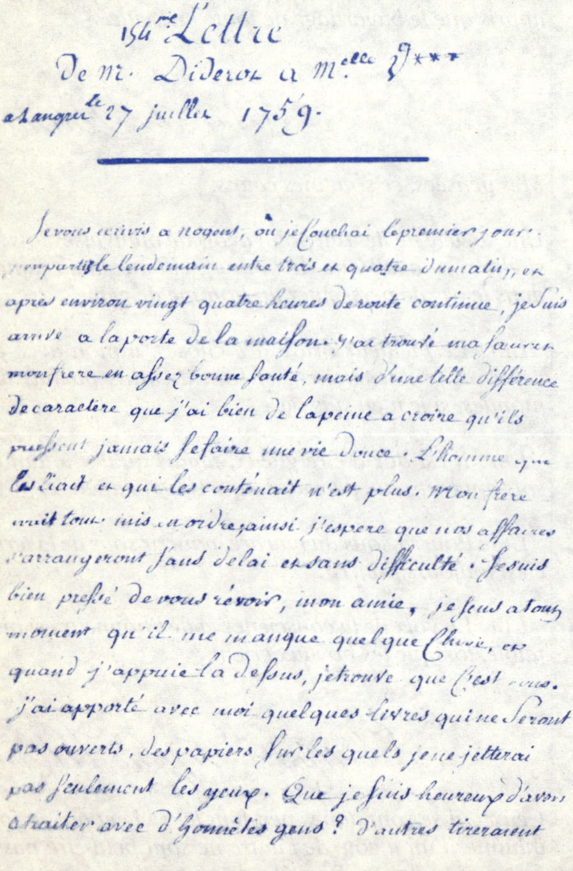

154me Lettre
De Mr. Diderot à Mlle V***
à Langres le 27 juillet 1759.

Je vous écrivis à Nogent, où je couchai le premier jour. J'en partis le lendemain entre trois et quatre du matin, et après environ vingt quatre heures de route continue, je suis arrivé à la porte de la maison. J'ai trouvé ma sœur et mon frère en assez bonne santé, mais d'une telle différence de caractère que j'ai bien de la peine à croire qu'ils puissent jamais se faire une vie douce. L'homme qui les liait et qui les contenait n'est plus. Mon frère avait tout mis en ordre; ainsi j'espère que nos affaires s'arrangeront sans délai et sans difficulté. Je suis bien pressé de vous revoir, mon amie, je sens à tout moment qu'il me manque quelque chose, et quand j'appuie là-dessus, je trouve que c'est vous. J'ai apporté avec moi quelques livres qui ne seront pas ouverts, des papiers sur lesquels je ne jetterai pas seulement les yeux. Que je suis heureux d'avoir à traiter avec d'honnêtes gens ? D'autres tireraient

Lettre de Diderot à Sophie Volland, 27 juillet 1759.

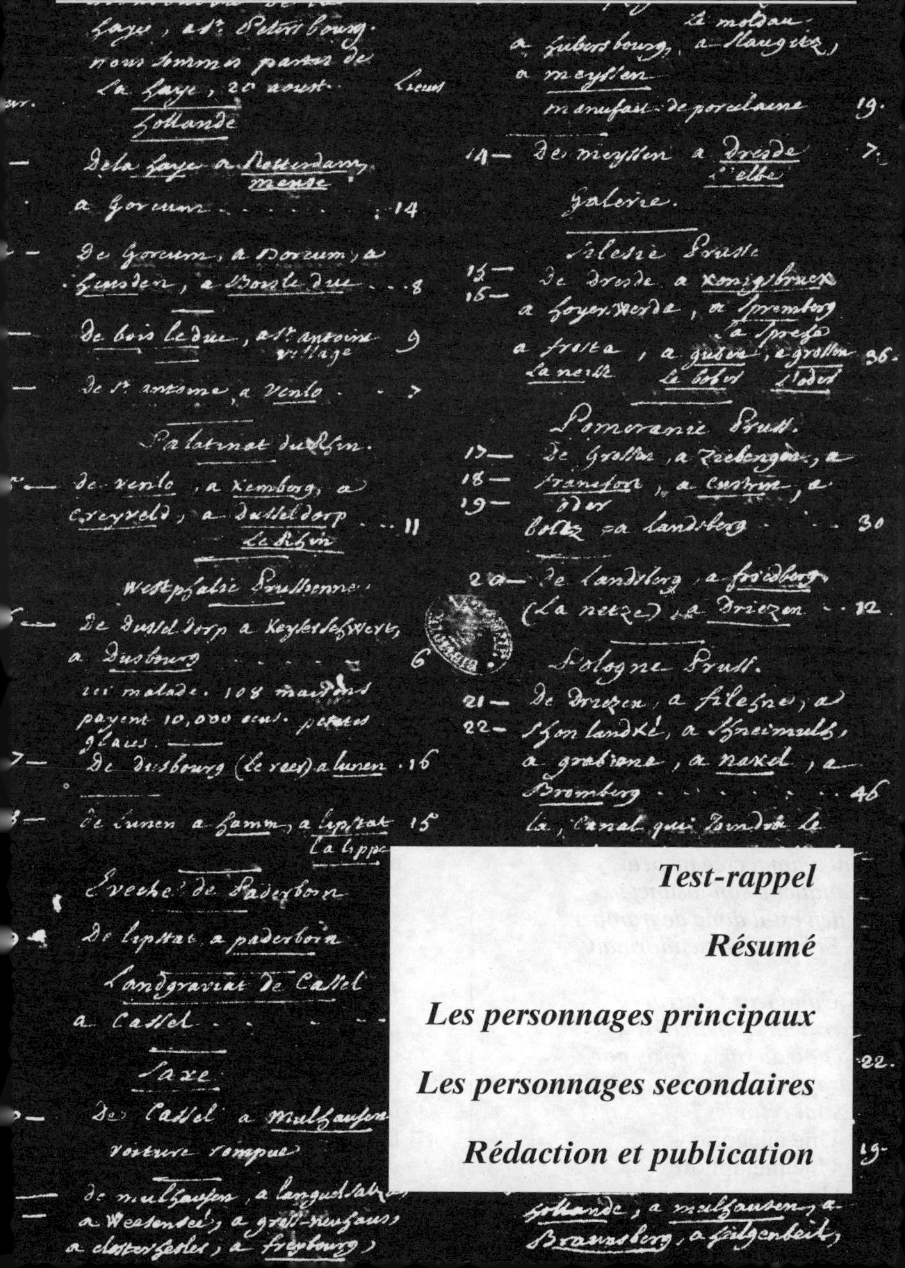

Test-rappel

Résumé

Les personnages principaux

Les personnages secondaires

Rédaction et publication

Avez-vous bien lu *Jacques le Fataliste*?

Test-rappel

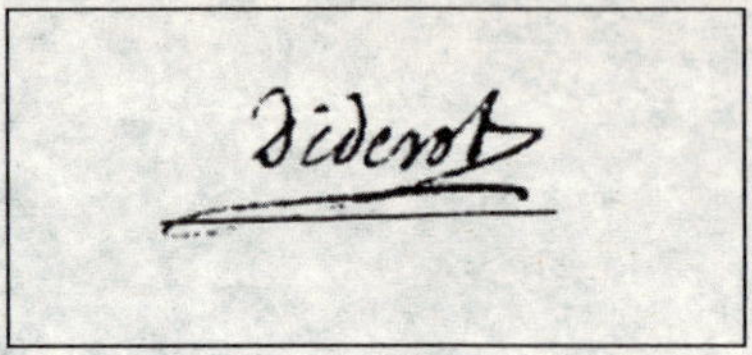

1. ***Quelle est la première phrase du roman ?***
a) Jacques mène son maître.
b) Comment s'étaient-ils rencontrés ?
c) Longtemps ils se sont couchés de bonne heure.

2. ***Où Jacques a-t-il reçu sa blessure au genou ?***
a) En tombant de cheval
b) Lors de la prise de Philippsbourg
c) A la bataille de Fontenoy

3. ***Quelle est la phrase qui clôt la discussion du maître et de Jacques sur les femmes ?***
a) Et ils avaient tous deux raison.
b) O femme ! femme ! femme ! créature faible et décevante !… Nul animal créé ne peut manquer à son instinct : le tien est-il donc de tromper ?
c) Et le maître s'endormait.

4. ***Comment l'auteur-narrateur appelle-t-il le château où, surpris par l'orage, Jacques et son maître se sont réfugiés ?***
a) Une allégorie
b) Une métaphore
c) Une image

5. ***Qui est le poète de Pondichéry ?***
a) Un poète très doué que l'auteur-narrateur a rencontré en Inde
b) Un mauvais poète auquel l'auteur-narrateur a conseillé de partir en Inde et qui est revenu dix ans plus tard, sa fortune faite, mais toujours aussi mauvais poète
c) Un original, qui n'avait qu'une chemise parce qu'il n'avait qu'un corps

6. ***Comment le frère de Jacques s'appelle-t-il ?***
a) Jean. Il est mort à Lisbonne
b) Richard. Il est emprisonné au Châtelet
c) Ange. Il est bourreau

7. ***Alors que le maître allait commencer à raconter l'histoire de ses amours, un incident les interrompt.***
a) Ils croisent un cortège nuptial
b) Ils croisent un convoi funèbre
c) Ils sont attaqués par des bandits

8. ***Qu'est-il arrivé à monsieur Le Pelletier ?***

a) Il a giflé monsieur Aubertot et il a été condamné à lui payer une amende

b) C'était le meilleur ami de monsieur Aubertot, mais ils ne cessaient de se battre. On les sépara l'un de l'autre. Monsieur Le Pelletier se déguisa en paysan, retrouva son ami qui le tua au cours d'un duel

c) Il mit trop d'insistance à solliciter l'aumône auprès de monsieur Aubertot qui le gifla. Le capitaine de Jacques lui conseilla de tuer l'offenseur, mais l'intéressé garda son calme. Devant tant d'humilité, monsieur Aubertot lui donna sa bourse

9. ***Qui Jacques appelle-t-il son bienfaiteur après sa chute de cheval ?***

a) Son maître

b) Le bourreau

c) Monsieur Desglands

10. ***Qui est « cette pauvre Nicole » ?***

a) La servante de l'auberge

b) La jeune femme dont s'est servi Madame de La Pommeraye pour sa vengeance

c) Une chienne

11. ***Quels sont les personnages de la fable servant à illustrer le thème de l'inconstance humaine ?***

a) La gaine et le coutelet

b) Le gland et la citrouille

c) Le loup et les bergers

12. ***Quand Jacques et l'hôtesse se réconcilient, que boivent-ils ?***

a) De la bière

b) De la tisane

c) Du champagne

13. ***Quand Jacques demande à son maître s'il aime les tableaux, le maître répond :***

a) Qu'il est, lui, peintre à ses heures

b) Qu'il ne connaît rien à la peinture et qu'il aime les tableaux en récit

c) Qu'il voudrait faire peindre son portrait par Fragonard

14. ***Avec qui Jacques a-t-il perdu son pucelage ?***

a) Avec Suzanne

b) Avec Justine

c) Avec Denise

15. ***Que se passe-t-il quand Jacques et son maître arrivent à la maison des parents nourriciers du bâtard que le maître a charge d'élever ?***

a) Jacques tue le chevalier de Saint-Ouin et le maître est conduit en prison

b) Le chevalier de Saint-Ouin tue le maître

c) Le maître tue le chevalier de Saint-Ouin et Jacques est mis en prison

solutions page 128

Jacques le Fataliste : un petit vade-mecum

Résumé

Le roman raconte le voyage d'une huitaine de jours accompli, à cheval, par Jacques et son maître. À l'intérieur de ce cadre narratif s'insèrent de multiples histoires, parmi lesquelles trois sont dominantes :

– Les amours de Jacques, récit fait par le valet, toujours retardé et donné en fragments désordonnés.

– L'histoire de Mme de La Pommeraye, racontée par l'hôtesse de l'auberge où les deux voyageurs se sont arrêtés.

– Les amours du maître, au temps de sa jeunesse folle, qui expliquent le but du voyage.

Le roman ne comportant ni chapitres ni intertitres, la division la plus raisonnable est sans doute celle des journées.

PREMIÈRE JOURNÉE

(pp. 35-36)

Nous prenons Jacques et son maître en chemin. Le premier, pour prouver au second que les événements s'enchaînent selon une nécessité supérieure, fait naître ses amours dans la blessure qu'il a reçue au genou à la bataille de Fontenoy. Sommeil du maître, égarement des

Mémo

Titre : *Jacques le Fataliste.*
Auteur : Denis Diderot (1713-1784).
Publication : entre novembre 1778 et juin 1780 dans la *Correspondance littéraire*, puis en volume en 1796 et 1798.
Circonstances particulières : pendant l'été 1765, Diderot commence à écrire *Jacques le Fataliste* ; en août 1771, il fait pendant deux heures une lecture pour Meister d'un des premiers états du texte qu'il révise en 1773. Sur le manuscrit que Diderot destinait à Catherine II figurent deux additions autographes qui n'ont pu être faites qu'entre 1780 et 1784. Le délai entre l'écriture du roman et sa publication s'explique par l'autocensure que Diderot exerce sur ses textes.
Autres œuvres essentielles :
Les Bijoux indiscrets (1748) ;
La Religieuse (1760) ;
Neveu de Rameau (1762) ;
Rêve de d'Alembert (1769) ;
Supplément au Voyage de Bougainville (1772) ;
Paradoxe sur le comédien (publié en 1830).

voyageurs. Le narrateur en profite pour s'adresser à son lecteur, lui faisant miroiter les romans possibles… qu'il ne fera pas.

Diderot, Jacques le Fataliste, *gravure d'après un dessin de Maurice Lenoir, édition Chamerot, 1884.*

DEUXIÈME JOURNÉE *(pp. 37-43)*

Rencontre d'un chirurgien à cheval, qui fait tomber la fille qu'il portait en croupe, alors qu'approuvant Jacques, il s'apprêtait à prouver que la blessure au genou est des plus douloureuses. Retour en arrière : vingt ans auparavant, Jacques est soigné chez une famille de paysans. Halte dans une auberge infestée de brigands que Jacques désarme.

TROISIÈME JOURNÉE *(pp. 44-58)*

Ils repartent à l'aube et discutent sur la prudence. Ils se croient poursuivis et en danger, mais ce n'est qu'une fausse alerte. Jacques raconte la visite du chirurgien chez les paysans qui l'hébergeaient ; le narrateur refuse un comique à la Molière ou un réalisme trop cru. En tombant de cheval, le maître se blesse au genou et reconnaît la vérité des propos de son valet. Retour à l'histoire de Jacques : de son lit, il a entendu les ébats amoureux de ses hôtes. Discussion contradictoire sur les femmes, *et ils avaient tous deux raison*. Surpris par un orage, ils se réfugient dans… ce que le lecteur choisira parmi huit possibilités dont celle, plus développée, du château « allégorique ».

La rue du marché à Conches, dessin, 1836.

QUATRIÈME JOURNÉE *(pp. 58-106)*

Jacques et son maître se séparent, car le valet veut récupérer la montre de son maître et la bourse du voyage oubliées lors de leur dernière étape (pp. 58-67). Jacques rencontre un marchand qui veut lui vendre une montre qu'il reconnaît être celle de son maître, Jacques sort un pistolet, des paysans se lancent à sa poursuite. En arrivant à Conches (c'est dans cette ville, l'auteur s'en souvient, qu'ils avaient séjourné), il demande à être conduit chez le lieutenant-général, ancien ami de son maître, qui dort pendant ce temps, la bride de son cheval autour du bras. À Conches, le magistrat chasse le marchand malhonnête et rend la montre à Jacques. Une servante détient la bourse. Elle prétend que Jacques la lui a donnée en échange de ses faveurs. Jacques nie, mais doit dédommager la fille, renvoyée elle aussi. Quand Jacques rejoint son maître, ce dernier a perdu son cheval et veut frapper Jacques, qui le menace alors de le quitter. Le maître compatit quand Jacques lui raconte l'épisode de la servante.

Diderot, Jacques le Fataliste, *aquarelle de Raoul Serres, 1928.*

Retour en arrière (pp. 68-71) : le chirurgien promet à Jacques qu'il gardera sa jambe, mais il a besoin de quatre mois de repos. Or les paysans ne veulent pas le garder.

Digression du narrateur : l'histoire du poète de Pondichéry (pp. 71-73). Un jeune poète étant venu lui demander son avis sur ses vers, il lui conseilla, les trouvant mauvais, d'aller tenter sa fortune aux Indes ; douze ans plus tard, il était de retour, toujours aussi mauvais poète, mais à l'abri du besoin.

Le maître retrouve un cheval, qu'il achète en chemin et qu'il cède à Jacques (pp. 73-75). Jacques raconte l'histoire de son frère Jean, mort dans le tremblement de terre de Lisbonne (pp. 75-82). Moine chez les Carmes, il fut rétrogradé du rang de banquier à celui de porteur de charbon ; il y eut dans son couvent une cabale contre le père Ange, accusé de libertinage. Jean l'aida à s'évader, ils se cachèrent avant de s'embarquer pour Lisbonne, chez les parents de Jacques, à qui Jean donna cinq louis d'or.

Pendant que Jacques raconte cette his-

Diderot, Jacques le Fataliste, *édition Chamerot, 1884.*

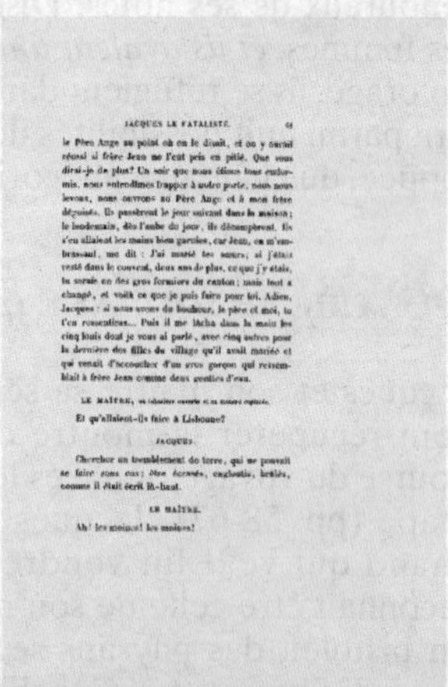

JACQUES LE FATALISTE.

le Père Ange au point où on le disait, et on y aurait réussi si frère Jean ne l'eût pris en pitié. Que vous dirai-je de plus? Un soir que nous étions tous endormis, nous entendîmes frapper à notre porte, nous nous levons, nous ouvrons au Père Ange et à mon frère *déguisés*. Ils passèrent le jour suivant dans la maison; le lendemain, dès l'aube du jour, ils décampèrent. Ils s'en allaient les mains bien garnies, car Jean, en m'embrassant, me dit : *J'ai marié tes sœurs; si j'étais resté dans le couvent, deux ans de plus, ce que j'y étais, tu serais un des gros fermiers du canton; mais tout a changé, et voilà ce que je puis faire pour toi. Adieu, Jacques : si nous avons du bonheur, le père et moi, tu t'en ressentiras...* Puis il me lâcha dans la main les cinq louis dont je vous ai parlé, avec cinq autres pour la dernière des filles du village qu'il avait mariée et qui venait d'accoucher d'un gros garçon qui ressemblait à frère Jean comme deux gouttes d'eau.

LE MAÎTRE, *sa tabatière ouverte et sa montre replacée.*

Et qu'allaient-ils faire à Lisbonne?

JACQUES.

Chercher un tremblement de terre, qui ne pouvait se faire *sans eux; être écrasés*, engloutis, brûlés, comme il était écrit là-haut.

LE MAÎTRE.

Ah! les moines! les moines!

toire, son cheval s'emballe et le conduit sous des fourches patibulaires, sans qu'il y ait pourtant de cadavres au gibet. Ils croisent un convoi funèbre, sur lequel Jacques reconnaît les armes de son capitaine. Histoire d'Ésope qui, croyant aller au bain, se retrouva en prison. Retour aux amours de Jacques : il négocie avec le chirurgien le prix de sa pension. Coup de théâtre : le convoi funèbre était faux et servait à des contrebandiers. Débat sur l'objectivité, illustré par l'histoire de M. Le Pelletier. Nouvelle incartade du cheval qui mène Jacques sous un gibet. Histoire du capitaine, riche, et de son ami, officier pauvre. Séparés parce qu'ils se battaient, ils se retrouvent pour se battre en duel. Le capitaine veut léguer sa fortune à son ami. En sortant de chez le banquier, ils sont arrêtés. Le cheval part à nouveau au galop. Le narrateur en profite pour commenter l'histoire du capitaine et fait le portrait de Gousse, homme cynique et inattendu.

CINQUIÈME JOURNÉE *(pp. 105-122)*

Jacques, emporté par son cheval, heurte le linteau d'une porte et s'évanouit, il est soigné par le propriétaire du cheval, qu'il appelle son bienfaiteur. Le maître lui apprend qu'il s'agit en fait du bourreau. Retour en arrière : Jacques est transporté dans la maison du docteur. Se rendant au village voisin, il donne les deux écus qui lui restent à une femme qui vient de renverser la cruche d'huile destinée à son intendant. Il est ensuite attaqué par deux bandits. Retour au personnage de Gousse, emprisonné, à cause d'une tromperie de sa servante.

Diderot, Jacques le Fataliste, *aquarelle de Raoul Serres, 1928.*

CINQUIÈME SOIRÉE *(pp. 123-132)*

Quiproquo à l'auberge sur la *pauvre Nicole*, qu'on imagine être une servante et qui est en fait une petite chienne ! Retour en arrière : un domestique, sorti d'un carrosse, a ordre d'emmener Jacques avec lui. Histoire du compagnon de cellule de Gousse. Sommeil du maître, de Jacques et du narrateur.

SIXIÈME JOURNÉE *(pp. 132-201)*

Étrangeté du caractère, à la fois très dur et très tendre, de l'aubergiste, bourru bienfaisant. Dispute de Jacques et de l'hôtesse. Histoire de Mme de La Pommeraye et du marquis des Arcis : délaissée par cet homme qui l'a séduite, elle décide de se venger. Fable de la Gaine et du Coutelet sur l'inconstance humaine et la vanité des serments de fidélité. L'enfance de Jacques : il a été bâillonné pendant douze ans car il était trop bavard. Histoire de l'ami du capitaine (dont certains faits sont arrivés également à M. de Guerchy).

Réconciliation de l'hôtesse et de Jacques autour d'une bouteille de champagne.

La machination de Mme de La Pommeraye : elle prend sous sa coupe une femme et sa fille qui, ruinées par un procès, en étaient venues à monnayer leurs charmes. Elle les fait passer pour des dévotes. Dès la première rencontre, le marquis tombe amoureux de la jeune d'Aisnon qu'il cherche à corrompre par l'intermédiaire de son confesseur. Après trois vaines tentatives déjouées par Mme de La Pommeraye, le mariage est décidé. Le marquis apprend après la cérémonie la véritable nature de sa femme, il refuse toute explication et part quinze jours. A son retour, il pardonne à sa femme. Par une ironie du sort, Mme de La Pommeraye a fait son bonheur en lui donnant une femme remarquable. Le narrateur intervient pour défendre la machinatrice et l'instrument de sa vengeance, la jeune d'Aisnon.

Diderot, Jacques le Fataliste, *gravure d'après un dessin de Maurice Lenoir, édition Chamerot, 1884.*

SEPTIÈME JOURNÉE, MATIN *(pp. 201-213)*

Début du mal de gorge de Jacques. Le châtelain qui l'a recueilli, M. Desglands, est un vieil ami du maître. Il est confié aux bons soins de Denise. Jacques retrace les étapes de sa carrière de valet. Le maître raconte l'histoire de M. Desglands qui perdit toute sa fortune au jeu et fut quitté par sa maîtresse. Conflit d'autorité entre Jacques et son maître.

SEPTIÈME JOURNÉE, APRÈS-MIDI ET SOIRÉE *(pp. 213-234)*

Discussion avec le marquis des Arcis qui quitte l'auberge avec eux. Le marquis raconte l'histoire de Richard, le jeune homme qui l'accompagne, et du père Hudson. Richard était entré à 17 ans dans l'ordre des Prémontrés. Il y rencontra le père Hudson, homme peu banal, intelligent mais débauché, contre qui on complota. Il réussit deux fois à se tirer d'affaire, même en situation de flagrant délit. Richard fut l'un des deux espions envoyés par le général de l'ordre pour perdre le père Hudson qui, par une diabolique machination, détourna l'accusation qui pesait sur lui sur ses accusateurs. Surpris chez une entremetteuse, ils passent la nuit en prison. Le père Hudson, se plaignant à Versailles de calomnie, reçut la charge d'une abbaye. Le hasard remit Richard et le père Hudson en présence ; il était accompagné d'une charmante femme… Discussion de Jacques et du maître sur la peinture. Qu'aurait été l'enfant né du père Hudson et de Mme de La Pommeraye : honnête homme ou *sublime coquin* ?

Diderot, Jacques le Fataliste, *aquarelle de Raoul Serres, 1928.*

HUITIÈME JOURNÉE *(pp. 234-262)*

Anecdote racontée par Jacques sur la vanité des hommes face à la mort. Comment Jacques perdit son pucelage : Justine et Bigre, Suzanne et Marguerite. Le narrateur intervient sur la question des bienséances. Jacques étant aphone, le maître raconte ses démêlés avec le chevalier de Saint-Ouin.

Jeune homme, le maître n'avait pas d'argent pour courtiser une jeune fille ; son ami, le chevalier de Saint-

Ouin lui prête assistance en l'emmenant chez un prêteur sur gages. Ce sont en fait des escrocs. Le jeune homme signe des lettres de change à Mlle Bridoie contre des marchandises. Il ne peut rendre l'argent en temps voulu et échappe de justesse à la prison. Son père meurt et il peut payer ses dettes grâce à l'héritage. Le jeune homme tombe dans le piège monté par le chevalier de Saint-Ouin : il est surpris en flagrant délit dans le lit d'Agathe.

Histoire de M. Desglands et de l'emplâtre qu'il porta sur la joue jusqu'à la mort de son rival. Le maître retrouve son cheval, refusant d'avancer sous le joug que lui fait porter un laboureur.

Suite de l'histoire du maître : il est conduit en prison. On voulait, grâce à ce coup monté, le contraindre au mariage. Il est condamné à payer les frais d'éducation de l'enfant qu'attend Agathe, enceinte du chevalier de Saint-Ouin. Le bâtard a maintenant dix ans et le maître se rend chez ses parents nourriciers.

Neuvième journée, les 15 jours suivants

(pp. 316-328)

Jacques et son maître sont arrivés au village qu'ils devaient atteindre ; ils se rendent à la maison des parents nourriciers. En chemin, Jacques interroge sa gourde et poursuit l'histoire de ses amours : réopéré (un morceau de tissu était resté dans la plaie), il guérit, Denise le panse tendrement ; il lui offre une paire de jarretières qu'il lui fait lui-même essayer. Surpris par la mère de Denise, il devra épouser la fille.

Plaisanterie de Jacques : il avait coupé la courroie de l'étrier du cheval du maître, qui tombe ; Jacques lui a ainsi prouvé que l'on agit parfois sans vouloir.

Au moment où ils approchent de la maison où réside le bâtard, le chevalier de Saint-Ouin en sort, le maître le tue, cependant que le cheval de Jacques prend la fuite. Le maître s'enfuit et Jacques est emprisonné.

Premier épilogue : le narrateur doit s'arrê-

Diderot, Jacques le Fataliste, *aquarelle de Raoul Serres, 1928.*

ter : il ne sait rien de la suite de l'histoire et il propose au lecteur d'aller la demander à Jacques dans sa prison. Il possède pourtant des Mémoires qu'il promet de lire sous 8 jours.

Deuxième épilogue : le premier paragraphe propose une conclusion tendre (scène pathétique entre Jacques et Denise qui se promettent un bonheur mutuel). Le deuxième paragraphe penche pour une conclusion paillarde : Denise masse la jambe de Jacques et remonte du genou jusqu'à l'endroit où les picotements sont les plus vifs… Abuse-t-il d'elle ou attend-il d'en faire sa femme ? Le troisième paragraphe nous fait assister aux retrouvailles du maître et de Jacques, au château de Desglands. Jacques devient concierge, épouse Denise. Sera-t-il cocu ?

Le Cocu justifié et content, *La Fontaine, illustration de Eisen, édition des Fermiers généraux, 1762.*

Les personnages principaux

On compte une soixantaine de personnages, nommés ou non. Il faut y ajouter le personnage de l'auteur-narrateur qui se met en scène dans son roman. On voit également apparaître des collectifs non individualisés (bandits, paysans…). Les personnages renvoient à l'ensemble de la société française du XVIIIe siècle : noblesse de robe, clergé, tiers état. Diderot n'en donne pas une vision statique, car il met les tensions en évidence.

Jacques

Jacques a l'initiative du dialogue ; il est né si bavard qu'il a porté un bâillon jusqu'à 12 ans. Il est courageux et il a l'esprit vif, enclin à plaisanter. C'est un paradoxe chez cet apôtre du fatalisme, mot qui dans le sens commun est synonyme de passivité. C'est également un homme généreux, alors qu'il n'a rien. Diderot lui donne la primauté du titre, les qualités de l'intelligence et du cœur, et le pouvoir réel : *Jacques mène son maître.*

Le maître

La figure du maître forme une antithèse avec celle du valet. Ni bavard ni courageux, il est atteint de tics mécaniques (la montre, le tabac) en l'absence de Jacques. Il est superstitieux, parfois brutal. Jacques ira en prison à sa place. Naïf et crédule, il se laisse flouer par un chevalier d'industrie. Il est pourtant d'une très grande sensibilité pour son valet, avec lequel il entretient de complexes rapports de dépendance. Il croit au libre arbitre et à la responsabilité morale, ce qui justifie sa position de maître.

Mme de la Pommeraye

Mme de La Pommeraye est l'héroïne d'un récit enchâssé fait par l'hôtesse. *C'était une [jeune] veuve qui avait des mœurs, de la naissance, de la fortune et de la hauteur.* Elle finit par céder aux charmes du marquis des Arcis. La machination qu'elle met au point pour se venger de cet homme qui la délaisse fait l'objet d'une discussion qui la disculpe, dans un plaidoyer de l'auteur-narrateur à tonalité féministe avant la lettre : *Vous pouvez redouter Mme de La Pommeraye, mais vous ne la mépriserez pas. Sa vengeance est atroce, mais elle n'est souillée d'aucun motif d'intérêt.*

Diderot, Jacques le Fataliste, *gravure d'après un dessin de Maurice Lenoir, édition Chamerot, 1884.*

Le marquis des Arcis

Le marquis est décrit comme un libertin, *homme de plaisir très aimable, croyant peu à la vertu des femmes.* Il est toutefois capable de grandeur d'âme, en pardonnant à sa femme dont Mme de La Pommeraye lui avait caché l'ancien métier et les mauvaises mœurs.

Paradoxalement et contre toute attente, c'est avec elle qu'il connaîtra le bonheur.

Le père Hudson

Le père Hudson rétablit l'ordre dans un couvent qui allait à vau-l'eau. Mais il est libertin et débauché. Son intelligence lui permet de se tirer des traquenards qu'on lui tend et même d'un flagrant délit : *Je suis homme, et j'ai mieux aimé m'adresser à une femme corrompue qu'à une honnête femme.* Il réussit à faire mettre en prison le frère Richard qui était chargé de mettre fin à ses écarts de conduite. Mais ce n'est pas un homme mesquin ni une « espèce », au sens où l'entend le *Neveu de Rameau* et l'auteur le met sur le même plan que Mme de La Pommeraye.

Diderot, Jacques le Fataliste, *gravure d'après un dessin de Maurice Lenoir, édition Chamerot, 1884.*

L'hôtesse

Elle possède un esprit supérieur à sa condition d'hôtelière qui ne correspond en rien à sa naissance ; elle a été élevée à Saint-Cyr. Elle ne garde aucune rancune à Jacques après la dispute provoquée par son refus de lui laisser prendre la parole, alors qu'il est le conteur attitré de son maître. Elle est très allusive sur sa propre histoire, alors qu'elle développe celle de Mme de La Pommeraye avec force détails.

L'auteur-narrateur

L'auteur-narrateur a une place prépondérante dans le roman : il intervient fréquemment dans des digressions ou des commentaires sur ses personnages, son vocabulaire et sur la manière dont il mène son récit. Il affirme sa liberté souveraine et sa supériorité face à ses personnages et au lecteur. Il anticipe sur les attentes de son lecteur et se fait un malin plaisir de les décevoir. Il prévoit les critiques que le lecteur ne manquerait pas de lui faire et s'en défend par avance.

Les personnages secondaires

Gousse

C'est un original sans principe qui n'a qu'une chemise parce qu'il n'a *qu'un corps à la fois*. C'est un homme cynique, contradictoire et inattendu, qui fait de la géométrie en prison, après avoir été dupé par sa servante, avec qui il voulait tromper sa femme.

Le capitaine de Jacques

Ce personnage représente une autorité aux yeux de Jacques qui ne cesse de répéter : *Mon capitaine disait que…* Son prestige est surtout militaire ; pour lui, l'amitié est aussi guerrière, donc il ne cesse de se battre avec son meilleur ami. Disciple de Spinoza, il est le grand initiateur de Jacques à la philosophie du fatalisme. Il fait figure d'Arlésienne dans le roman, de héros absent, et le lecteur ne saura jamais s'il est mort ou vivant.

Diderot, Jacques le Fataliste*, aquarelle de Raoul Serres, 1928.*

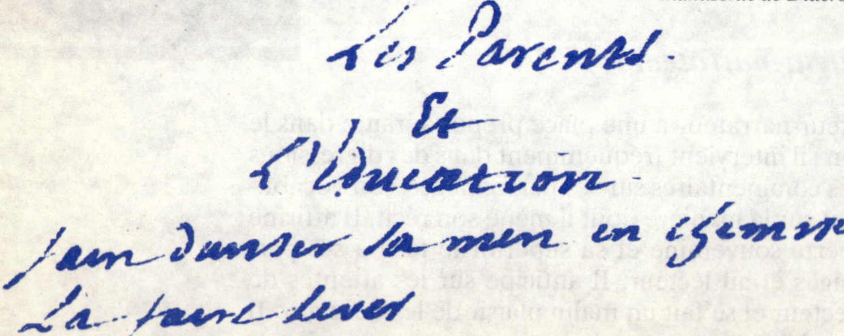

Les Parents et l'éducation, *note manuscrite de Diderot.*

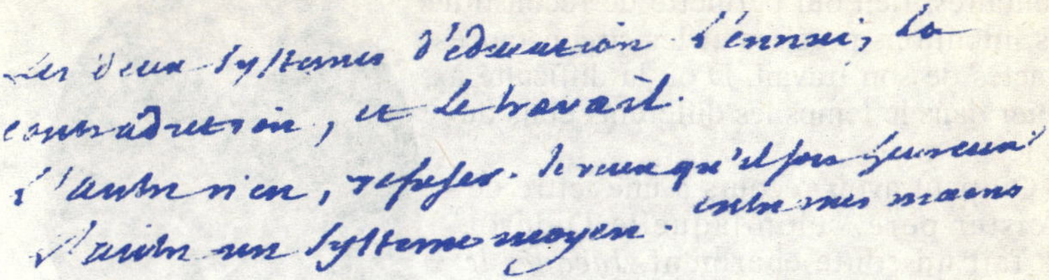
Les Parents et l'éducation, *note manuscrite de Diderot.*

Rédaction et publication

Portrait de Diderot, gravure de Devéria.

La Religieuse, le *Neveu de Rameau*, le *Rêve de d'Alembert*, les *Salons* et *Jacques le Fataliste* n'ont pas été publiés du vivant de Diderot. Ces textes majeurs sont restés inconnus du public des Lumières qui voyait en Diderot l'auteur à scandale des *Bijoux indiscrets*, le théoricien du drame et surtout le directeur de l'*Encyclopédie* en butte à la censure.

Livré à la *Correspondance littéraire*, *Jacques le Fataliste* a connu une publication insolite, étirée sur plusieurs années : fragmenté en quinze livraisons, de novembre 1778 à juin 1780, ce texte lacunaire est prolongé par deux séries d'additions (juillet 1780, avril 1786). Cette prépublication correspond à la dernière étape d'une genèse que la mort de Diderot (1784) interrompt sans l'achever.

En 1796 paraît, avec *La Religieuse*, la première édition française de *Jacques le Fataliste* : texte peu sûr, auquel l'érudition moderne a substitué le texte actuel, établi à partir de la dernière copie revue par Diderot.

L'auteur ne nous a laissé ni ébauches ni commentaires, rien qui permette de reconstituer ses intentions précises et les circonstances exactes de son travail. D'où la difficulté à situer dans le temps les différents états du texte.

Portrait de Diderot, gravure d'après Van Loo.

On peut avoir recours à une lettre de Meister père, selon laquelle Diderot « a fait un conte charmant, *Jacques le Fataliste*. L'auteur en a lu l'autre jour à notre homme pendant deux heures. » (12 septembre 1771). On peut aussi prendre en considération des indices internes au texte, par exemple les allusions à la crise économique de l'année 1770. La lecture, pendant l'été 1765, du Livre VIII de *Tristram Shandy* (Laurence Sterne) a fourni à Diderot le prétexte de ce qui deviendra le récit des amours de Jacques. En outre, Diderot réécrit ses propres textes : certaines anecdotes proviennent de la série de lettres appelée « la chronique du Grandval » (1760-1762) ; d'autres dérivent du *Salon de 1765* (le fiacre renversé) ou des livraisons de Diderot à la *Correspondance littéraire* (le poète de Pondichéry).

*À droite, description d'une planche de l'*Encyclopédie*, manuscrit autographe de Diderot.*

Si l'idée initiale du roman remonte peut-être à 1765, la rédaction s'étale entre 1771 et 1783. De cette genèse complexe, on peut tirer plusieurs conclusions : Diderot travaille beaucoup ses manuscrits, dans une sorte de rapiéçage dont le texte tient son aspect ajouré et disparate. Les raccords et les diverses inconséquences montrent que Diderot ne construit pas de plan d'ensemble préalable. L'élaboration du roman s'étale sur une période de 15 ans qui correspond à la pleine maturité de Diderot : l'explosion créatrice des années 1769 à 1782.

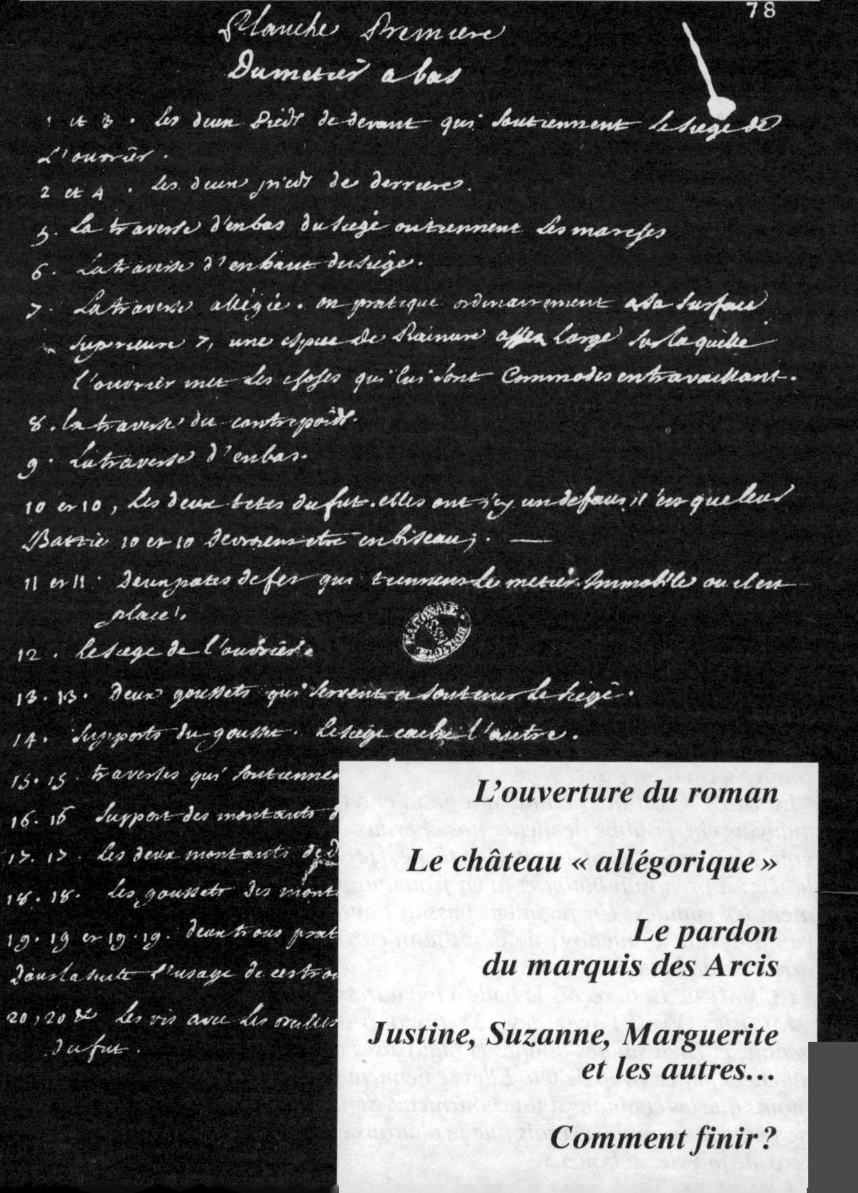
Planche Premiere
Du metier a bas
1 et 3 . les deux pieds de devant qui soutiennent le siege de l'ouvrier.
2 et 4 . les deux pieds de derriere.
5. la traverse d'enbas du siege soutiennent les marches
6. La traverse d'enhaut du siege.
7. La traverse allegie. on pratique ordinairement a sa surface superieure 7, une espece de rainure assez large sur laquelle l'ouvrier met les choses qui lui sont commodes en travaillant.
8. la traverse du contrepoids.
9. La traverse d'enbas.
10 et 10, les deux tetes du fut. elles ont icy un defaut il est que leur Barrie 10 et 10 devroient etre en biseau; —
11 et 11 deux pates de fer qui tiennent le metier immobile en sa place.
12. le siege de l'ouvrier
13. 13. Deux goussets qui servent a soutenir le siege.
14. Supports du gousset. le siege cache l'autre.
15. 15 traverses qui soutiennen
16. 16 Support des montants d
17. 17. Les deux montants d
18. 18. les goussets des mont
19. 19 et 19. 19. deux trous prat
dans la suite l'usage de ces trou
20, 20 & les vis avec les ecrou
du fut.

L'ouverture du roman

Le château « allégorique »

Le pardon du marquis des Arcis

Justine, Suzanne, Marguerite et les autres...

Comment finir ?

Jacques le Fataliste mis en pièces ou cinq textes pour cerner un roman

Texte 1

L'ouverture du roman

Comment s'étaient-ils rencontrés ? Par hasard, comme tout le monde. Comment s'appelaient-ils ? Que vous importe ? D'où venaient-ils ? Du lieu le plus prochain. Où allaient-ils ? Est-ce que l'on sait où l'on va ? Que disaient-ils ? Le maître ne disait rien ; et Jacques disait que son capitaine disait que tout ce qui nous arrive de bien et de mal ici-bas était écrit là-haut.

LE MAÎTRE. C'est un grand mot que cela.

JACQUES. Mon capitaine ajoutait que chaque balle qui partait d'un fusil avait son billet.

LE MAÎTRE. Et il avait raison...

Après une courte pause, Jacques s'écria : Que le diable emporte le cabaretier et son cabaret !

LE MAÎTRE. Pourquoi donner au diable son prochain ? Cela n'est pas chrétien.

JACQUES. C'est que, tandis que je m'enivre de son mauvais vin, j'oublie de mener nos chevaux à l'abreuvoir. Mon père s'en aperçoit ; il se fâche. [Je] hoche de la tête ; il prend un bâton et m'en frotte un peu durement les épaules. Un régiment passait pour aller au camp devant Fontenoy ; de dépit je m'enrôle. Nous arrivons ; la bataille se donne.

LE MAÎTRE. Et tu reçois la balle à ton adresse.

JACQUES. Vous l'avez deviné ; un coup de feu au genou ; et Dieu sait les bonnes et mauvaises aventures amenées par ce coup de feu. Elles se tiennent ni plus ni moins que les chaînons d'une gourmette. Sans ce coup de feu, par exemple, je crois que je n'aurais été amoureux de ma vie, ni boiteux.

LE MAÎTRE. Tu as donc été amoureux ?

Sur la technique de lecture méthodique

Toutes les méthodes sont acceptées à l'oral du baccalauréat.
Le candidat optera, à son choix, pour une lecture linéaire (de la première à la dernière phrase, en suivant le fil du texte), une lecture composée (on détermine deux ou trois axes de lecture, et on parcourt à chaque fois la totalité du texte), ou une synthèse des deux, où l'on focalise sur deux ou trois passages expliqués linéairement, auxquels on rattache les autres éléments du texte, en montrant leurs connexions.
La première technique est recommandée pour les textes courts, et souvent pour les textes poétiques.
La seconde convient à des textes dont la thématique est très claire et les intentions stylistiques secondaires.
La troisième sera préférée pour des textes d'une certaine longueur dont on ne peut toutefois négliger le style.
Les remarques de style ne doivent pas constituer un catalogue de procédés déconnecté des enjeux du texte,qui en général ne sont pas purement rhétoriques.

JACQUES. Si je l'ai été !
LE MAÎTRE. Et cela par un coup de feu ?
JACQUES. Par un coup de feu.
LE MAÎTRE. Tu ne m'en as jamais dit un mot.
JACQUES. Je le crois bien.
LE MAÎTRE. Et pourquoi cela ?
JACQUES. C'est que cela ne pouvait être dit ni plus tôt ni plus tard.
LE MAÎTRE. Et le moment d'apprendre ces amours est-il venu ?
JACQUES. Qui le sait ?
LE MAÎTRE. A tout hasard, commence toujours...

Jacques commença l'histoire de ses amours. C'était l'après-[dînée] : il faisait un temps lourd ; son maître s'endormit. La nuit les surprit au milieu des champs ; les voilà fourvoyés. Voilà le maître dans une colère terrible et tombant à grands coups de fouet sur son valet, et le pauvre diable disant à chaque coup : « Celui-là était apparemment encore écrit là-haut... »

Vous voyez, lecteur, que je suis en beau chemin, et qu'il ne tiendrait qu'à moi de vous faire attendre un an, deux ans, trois ans, le récit des amours de Jacques, en le séparant de son maître et en leur faisant courir à chacun tous les hasards qu'il me plairait. Qu'est-ce qui m'empêcherait de marier le maître et de le faire cocu ? d'embarquer Jacques pour les îles ? d'y conduire son maître ? de les ramener tous les deux en France sur le même vaisseau ? Qu'il est facile de faire des contes ! Mais ils en seront quittes l'un et l'autre pour une mauvaise nuit, et vous pour ce délai.

L'aube du jour parut. Les voilà remontés sur leurs bêtes et poursuivant leur chemin. – Et où allaient-ils ? – Voilà la seconde fois que vous me faites cette question, et la seconde fois que je vous réponds : Qu'est-ce que cela vous fait ? Si j'entame le sujet de leur voyage, adieu les amours de Jacques... Ils allèrent quelque temps en silence. Lorsque chacun fut un peu remis de son chagrin, le maître dit à son valet :

– Eh bien, Jacques, où en étions-nous de tes amours ?

Folio, pages 35-37

Important : tout texte présenté au bac doit être lu à voix haute. Cette lecture doit s'appuyer sur une analyse exacte, et en un sens la préfigurer.

Ce début (on dit « incipit » pour désigner la première phrase d'un livre) est parfaitement non conventionnel. Il bat en brèche la tradition romanesque, selon laquelle tout est acquis au départ, et qui repose sur deux principes :

– l'illusion référentielle, selon laquelle les personnages dont on raconte l'histoire ont une certaine « réalité », définie par un nom, une psychologie, un passé…

– la docilité du lecteur.

C'est un début *in medias res* : nous prenons littéralement les personnages en chemin, dans le cours de leur voyage. Le narrateur ne prend pas le temps de fournir un cadre spatio-temporel à la fiction (aucune date, aucune localisation, aucun nom pour les personnages, englobés dans l'anonymat du pronom personnel *ils*).

Commencer un roman par une phrase interrogative revient à mettre en question tout le savoir – et donc le pouvoir – que l'on reconnaissait jusqu'alors au narrateur dit omniscient. On ne peut non plus savoir avec certitude si cette question initiale (*Comment s'étaient-ils rencontrés ?*) provient du narrateur ou du lecteur.

1. Structure du passage et mise en place des instances narratives

A. Une composition complexe

Ce passage est composé de 5 paragraphes de nature différente. Après une série de questions qui restent sans réponse, où le lecteur est pris à partie (*Que **vous** importe ?*), et qui permettent d'introduire les deux protagonistes annoncés par le titre, vient un dialogue, nettement délimité et marqué typographiquement, entre Jacques et son maître. Suit un bref passage narratif, situant un cadre spatial (*au milieu des champs*) et temporel (*l'après-dînée, la nuit*) à l'action que constitue le récit par Jacques de ses amours. Dans le paragraphe suivant, le narrateur s'adresse directement au lecteur et énumère certaines possibilités de récit qu'il n'exploitera pas. Le dernier paragraphe constitue un retour au récit ; la question du maître qui le clôt per-

Diderot, Jacques le Fataliste, *première page, gravure, 1884.*

met de réembrayer sur le dialogue et le récit des amours de Jacques, fil directeur – ou prétexte – du récit.

C'est donc un début au moins triple :

– Début des amours de Jacques (la bataille de Fontenoy, 11 mai 1745).

– Début du dialogue entre les deux personnages.

– Début du dialogue entre le narrateur et son lecteur.

D'autre part, cette ouverture permet de mettre en place les différentes instances narratives.

Portrait de Diderot, gravure d'après Greuze.

B. Instauration de trois niveaux d'énonciation

Le début du roman met en scène d'une part le récit d'un narrateur, à la première personne (ex : *Je suis en beau chemin*), qui s'articule à un dialogue entre lui-même et son lecteur. D'autre part, il met en scène le récit fait par Jacques de ses amours qui s'articule à un dialogue entre Jacques et son maître. Le maître est par rapport à Jacques dans une situation d'attente analogue à celle du lecteur par rapport au narrateur. A ces deux niveaux, il faudrait en ajouter un troisième : le dialogue entre l'auteur Diderot – à ne pas confondre avec le narrateur – et le lecteur réel, différent, bien sûr, du lecteur fictif inventé par Diderot pour les besoins de son roman.

Le maître <—> Jacques
Le lecteur (fictif) <————> Le narrateur
Le lecteur (réel) <——————> L'auteur (Diderot)

C. Ces trois niveaux d'énonciation correspondent à trois intrigues parallèles

– Récit d'une écriture (ex : *Si j'entame le sujet de leur voyage…*) et récit d'une lecture (ex : *Voilà la seconde fois que vous me faites cette question*).

– Récit proprement dit : le voyage, apparemment sans but.

– Récit des amours de Jacques.

Ces différents fils narratifs seront tressés et enchevêtrés tout au long du roman. On pourrait ajouter un quatrième niveau d'intrigue, celui des récits adjacents, relevant de la technique du tiroir, et destinés à illustrer un élément de la discussion menée.

L'ouverture paradoxale et déroutante de *Jacques le Fataliste* peut donc être lue selon trois niveaux enchevêtrés : le récit (le texte lui-même), l'histoire (le contenu narratif, ici les amours de Jacques), la narration enfin (l'acte narratif producteur, le discours comme événement).

Intertextualité

On désigne par *intertextualité* le fait qu'un texte littéraire renvoie toujours, plus ou moins explicitement et sous des formes diverses, à d'autres textes.

2. Diderot et les autres, le roman face à son histoire

A. Le jeu de l'intertextualité

Pour cette ouverture, Diderot emprunte de nombreux détails au *Tristram Shandy* du romancier anglais Sterne auquel Diderot rend d'ailleurs hommage ; cela peut même aller jusqu'au mot à mot – blessé au genou à la bataille de Landen, le roi Guillaume « pensait qu'il ne nous arrivait rien en ce monde qui ne fût arrêté de toute éternité. Aussi disait-il souvent à ses soldats : que chaque balle avait son billet. » Ces emprunts permettent d'annoncer, thématiquement, un enjeu plus idéologique qui sera développé par la suite.

Portrait de Laurence Sterne, gravure de Fisher d'après Reynolds.

B. Les romans à faire

Qu'est-ce qui m'empêcherait de marier le maître et de le faire cocu ? d'embarquer Jacques pour les îles ? d'y conduire son maître ? de les ramener tous les deux en France sur le même vaisseau ? demande le narrateur, dans une série de questions rhétoriques qui visent à mettre en évidence sa toute-puissance, mais surtout à passer en revue les grandes intrigues romanesques types : le mariage contrarié, l'aventure, l'exotisme. (voir l'*Histoire du chevalier Des Grieux et de Manon Lescaut* (1731) et *Cleveland* (1732-1739) de l'abbé Prévost (cité p. 93).

Diderot s'emporte contre la vogue du roman au XVIIIe siècle, auquel il reproche sa fausseté, son invraisemblance et sa frivolité. Les personnages sont, à son goût, trop artificiels, les intrigues trop conventionnelles et les dénouements trop miraculeux. Le roman qu'il fustige est *un tissu d'événements chimériques et frivoles, dont la lecture [est] dangereuse pour le goût et pour les mœurs*. (Début de l'*Éloge de Richardson*, écrit en 1762). Mais il admire, au nom de la véritable morale, les romans de Marivaux, Fielding ou de Richardson.

Cette ouverture montre cependant qu'un héritage est accepté, celui du roman picaresque espagnol (voir p. 34) auquel l'organisation, présente et à venir, du texte doit beaucoup (rebondissements, chevauchées, bandits), mais aussi celui de *Don Quichotte* (1605) : couple maître-serviteur, sens philosophique du voyage, auberge coupe-gorge…

Jacques le Fataliste est donc un antiroman et un roman du roman.

Cervantès, Don Quichotte, *édition espagnole, 1780.*

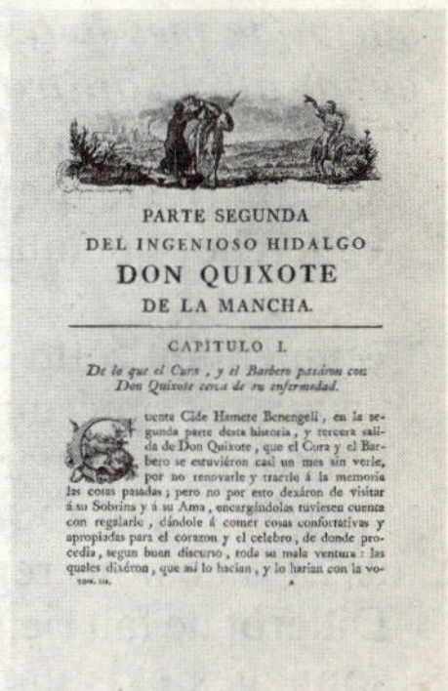

PARTE SEGUNDA
DEL INGENIOSO HIDALGO
DON QUIXOTE
DE LA MANCHA.

CAPITULO I.

De lo que el Cura, y el Barbero pasáron con Don Quixote cerca de su enfermedad.

Cuenta Cide Hamete Benengeli, en la segunda parte desta historia, y tercera salida de Don Quixote, que el Cura y el Barbero se estuviéron casi un mes sin verle, por no renovarle y traerle á la memoria las cosas pasadas; pero no por esto dexáron de visitar á su Sobrina y á su Ama, encargándolas tuviesen cuenta con regalarle, dándole á comer cosas confortativas y apropiadas para el corazon y el celebro, de donde procedia, segun buen discurso, toda su mala ventura: las quales dixéron, que así lo hacian, y lo harian con la vo-

TOM. III. A

C. La tentation du conte philosophique

Dès le premier paragraphe apparaît le thème du fatalisme : *tout ce qui nous arrive de bien ou de mal était écrit là-haut.* Diderot s'oppose au plus fameux des contes philosophiques, *Candide ou l'Optimisme*, de Voltaire (1759). L'œuvre de Diderot est une tentative pour illustrer, dans des situations romanesques, le conflit entre une forme de déterminisme total (Jacques) et les aspirations humaines (le maître).

La forme du dialogue ainsi que le processus d'enchaînement des séquences narratives épousent la doctrine philosophique exposée : le récit de Jacques se fait au présent de narration, ce qui lui donne valeur de raisonnement, et ce qui donne l'illusion d'un enchaînement logique inéluctable entre les étapes de son aventure. La construction paratactique (absence de subordination) et l'asyndète (absence de liaison) précipitent les événements les uns après les autres, de façon quasi mécanique.

Conclusion. Cet incipit constitue bien une ouverture au sens musical du terme. En effet, elle met en place, de façon visible ou plus souterraine, des thèmes et des motifs qui seront repris et exploités dans la suite du roman (le maître endormi appelle l'endormissement de Jacques ; sa colère et ses coups aboutiront à leur querelle à l'auberge, arbitrée par l'hôtesse…). Cet incipit est donc un réservoir du roman qui semble ici mettre à nu ses mécanismes, mais ne dédaignera pas

d'utiliser des ficelles déjà éprouvées. Il permet enfin d'établir un dialogue à quatre voix majeures, auquel assistent, par au-dessus, l'auteur et son lecteur, qui ne sont pas des êtres de papier. Un tel incipit impose au lecteur de tenir compte à la fois de l'aspect ludique (le roman est aussi un jeu) et de l'aspect allégorique du roman qu'il va lire.

Lectures complémentaires

En amont. Reportez-vous aux pages 51-52 de *Tristram Shandy* (édition G. F.).
En aval. Lisez la première page de *La Modification* de Michel Butor et les deux livres de Marcel Bénabou, aux titres évocateurs : *Pourquoi je n'ai écrit aucun de mes livres* (Hachette, 1986) et *Jette ce livre avant qu'il soit trop tard* (Seghers, 1992). Essayez d'analyser les voix narratives et la mise en place d'un lecteur fictif par un narrateur qui s'exhibe. Recherchez quelques effets d'intertextualité.

Commentant cette ouverture, Milan Kundera écrit :

> « Diderot créé un espace jamais vu avant lui dans l'histoire du roman ; c'est une scène sans décor : d'où sont-ils venus. On ne sait pas. Comment s'appellent-ils ? Ça ne nous regarde pas. Quel est leur âge ? Non, Diderot ne fait rien pour nous faire croire que ses personnages existent réellement et dans un moment déterminé. »

Jacques et son maître, Gallimard, 1981

Texte 2

Le château « allégorique »

> *Si vous insistez, je vous dirai qu'ils s'acheminèrent vers... oui ; pourquoi pas ?... vers un château immense, au frontispice duquel on lisait : « [Je n'appartiens à personne et j'appartiens à tout le monde. Vous y étiez avant que d'y entrer, et vous y serez encore quand vous en sortirez. »] – Entrèrent-ils dans ce château ? – Non*

car l'inscription était fausse, ou ils y étaient avant que d'y entrer. – Mais du moins ils en sortirent ? – Non, car l'inscription était fausse, ou ils y étaient encore quand ils en furent sortis. – Et que firent-ils là ? – Jacques disait ce qui était écrit là-haut ; son maître, ce qu'il [voulut] : et ils avaient tous deux raison. – Quelle compagnie y trouvèrent-ils ? – Mêlée. – Qu'y disait-on ? – Quelques vérités, et beaucoup de mensonges. – Y avait-il des gens d'esprit ? – Où n'y en a-t-il pas ? et de maudits questionneurs qu'on fuyait comme la peste. Ce qui choqua le plus Jacques et son maître pendant tout le temps qu'ils s'y promenèrent. – On s'y promenait donc ? – On ne faisait que cela, quand on n'était pas assis ou couché... Ce qui choqua le plus Jacques et son maître, ce fut d'y trouver une vingtaine d'audacieux, qui s'étaient emparés des plus superbes appartements, où ils se trouvaient presque toujours à [l'étroit] ; qui prétendaient, contre le droit commun et le vrai sens de l'inscription, que le château leur avait été légué en toute propriété ; et qui, à l'aide d'un certain nombre de [vauriens] à leurs gages, l'avaient persuadé à un grand nombre d'autres [vauriens] à leurs gages, tout prêts pour une petite pièce de monnaie à prendre ou assassiner le premier qui aurait osé les contredire : cependant au temps de Jacques et de son maître, on l'osait quelquefois. – Impunément ? – C'est selon.

Vous allez dire que je m'amuse, et que, ne sachant plus que faire de mes voyageurs, je me jette dans l'allégorie, la ressource ordinaire des esprits stériles.

Folio, pages 56-57

Pavillon des Sciences et des Arts, *dessin de Charles de Wailly (1730-1798).*

Alors que Jacques et son maître sont embarqués dans *une querelle interminable sur les femmes,* survient un orage qui les contraint à s'acheminer vers un endroit que Diderot refuse tout d'abord de désigner. Il finit par satisfaire la curiosité de son lecteur, en lui apprenant que ce refuge est un château, dont il dira pour finir qu'il s'agit d'une allégorie. Sur le frontispice de ce château est inscrite une formule mystérieuse qui a fait couler beaucoup d'encre.

1. L'inscription dans une histoire : la parodie

Rabelais, Gargantua, *dessin d'A. Collot, 1933.*

A. L'inscription serait une parodie de certaines allégories étranges qu'on trouvait dans les romans de l'époque. Cette inscription est cohérente avec ce qu'on connaît par ailleurs de Diderot et du jeu qu'il instaure en permanence avec les autres textes littéraires.

B. On peut alors se référer à des textes connus où apparaissent des frontispices de ce genre. Ainsi dans le chapitre LIV de *Gargantua* : « Inscription mise sur la grande porte de Thélème », ou dans le chapitre XXXVII du *Cinquième Livre*. Cette convergence avec Rabelais semble tout à fait justifiée, si l'on songe que la querelle sur les femmes entre Jacques et son maître reprend en l'abrégeant la fameuse querelle du *Tiers Livre*. Il faudrait même remonter au Moyen Âge et à l'héraldique pour retrouver le prototype de ce type de devises énigmatiques.

C. Mais en inscrivant l'épisode du château, considéré comme une parodie, dans l'histoire d'un genre, on se prémunit contre les difficultés du déchiffrement, puisqu'il est dit que le propre des allégories parodiées par Diderot est d'être « étranges ». La solution proposée par un tel type de lecture est donc une façon d'éluder la question du sens, en ouvrant le champ à l'érudition.

Allégorie

Une allégorie est une suite d'éléments descriptifs ou narratifs dont chacun correspond aux divers détails de l'idée qu'ils prétendent exprimer.
– Personnification d'une abstraction (la Mort, l'Espoir, l'Amour…).
– Sorte de métaphore constituée où l'on présente un premier sens pour en faire deviner un second par comparaison implicite.
– Œuvre dans laquelle on représente un objet pour donner l'idée d'un autre.

2. Le château, allégorie de la Terre

A. « Nous nous apercevons que le vrai sens de l'inscription dans sa première partie (*Je n'appartiens à personne et j'appartiens à tout le monde*) ne peut être que la Terre et que ces possesseurs qui se sont emparés *des plus superbes appartements*, et qui défendent leurs biens usurpés à l'aide de vauriens à leurs gages, servent à mettre en cause l'ordre social fondé sur la richesse et la police. » (F. Prunet) L'allégoric serait ici l'application dans un texte littéraire d'un modèle historique : l'état de nature défini comme règne de la violence.

B. Cette manière de lire correspond bien à la première partie de l'inscription, puisque la Terre, aux origines, est la chose de tous (*j'appartiens à tout le monde*) et qu'elle est indivise (*je n'appartiens à personne*). Elle s'applique également à la dernière partie : *vous y serez encore quand vous en sortirez.* Mais un problème se pose quant au membre de phrase intermédiaire : *vous y étiez avant que d'y entrer.* Or nous n'étions pas sur la Terre avant de venir au monde. Nous sommes ici devant une difficulté d'interprétation.

3. Le château entre allégorie de la Vérité et allégorie du texte littéraire

A. Il est vrai que la Vérité n'appartient à personne, secte, école ou philosophie, et qu'elle appartient à tout le monde, car nul n'a le droit d'en priver quiconque. « On est dans la vérité avant que d'y entrer et on y est encore quand on en est sorti, parce que la vérité ne se confond pas avec les vues partielles, momentanées et divergentes qu'en a l'esprit humain. » (J. Chouillet). Dans cette perspective, les usurpateurs seraient ceux qui se sont cru des droits sur la vérité et ont tenté de les imposer par la violence (on pense aux inquisiteurs).

B. Mais, si cette clé fonctionne très bien, elle n'en ressemble pas moins à un passe-partout. Le château pourrait représenter le texte littéraire, qui s'offre à tous, mais que personne ne peut revendiquer comme sien. Les usurpateurs seraient alors ceux qui prétendent imposer une interprétation unilatérale des textes. Cette lecture présente un haut degré de pertinence textuelle, mais une pertinence historique à peu près nulle, alors que les allégories de la vérité sont de tradition en littérature (voir l'oracle de la Dive Bouteille chez Rabelais) et connaissent un regain de faveur au XVIIIe siècle.

Gravure allégorique anonyme accompagnant un sonnet sur la Vérité, 1762.

Conclusion. Une fois de plus, le lecteur reste sur sa faim. Diderot préfère « sacrifier » son allégorie plutôt que de la justifier. Ce texte fonctionne donc comme un mode d'emploi du roman dans son ensemble, en interdisant toute interprétation unique, rigide et aveugle.

Texte 3

Le pardon du marquis des Arcis

– Levez-vous, lui dit doucement le marquis ; je vous ai pardonné : au moment même de l'injure j'ai respecté ma femme en vous ; il n'est pas sorti de ma bouche une parole qui l'ait humiliée, ou du moins je m'en repens, et je proteste qu'elle n'en entendra plus aucune qui l'humilie, si elle se souvient qu'on ne peut rendre son époux malheureux sans le devenir. Soyez honnête, soyez heureuse, et faites que je le sois. Levez-vous, je vous en prie, ma femme, levez-vous et embrassez-moi ; madame la marquise, levez-vous, vous n'êtes pas à votre place ; madame des Arcis, levez-vous... »

Pendant qu'il parlait ainsi, elle était restée le visage caché dans ses mains, et la tête appuyée sur les genoux du marquis ; mais au mot de ma femme, au mot de madame des Arcis, elle se leva brusquement, et se précipita sur le marquis, elle le tenait embrassé, à moitié suffoquée par la douleur et par la joie ; puis elle se séparait de lui, se jetait à terre, et lui baisait les pieds.

« Ah ! lui disait le marquis, je vous ai pardonné, je vous l'ai dit ; et je vois que vous n'en croyez rien.

– Il faut, lui [répondit]-elle, que cela soit, et que je ne le croie jamais. »

Le marquis ajoutait : « En vérité, je crois que je ne me repens de rien ; et que [cette] Pommeraye, au lieu de se venger, m'aura rendu un grand service. Ma femme, allez vous habiller, tandis qu'on s'occupera à faire vos malles. Nous partons pour ma terre, où nous resterons jusqu'à ce que nous puissions reparaître ici sans conséquence pour vous et pour moi... »

Diderot, Jacques le Fataliste, *aquarelle de Raoul Serres, 1928.*

Ils passèrent presque trois ans de suite absents de la capitale.

Folio, pages 194-195

Diderot, Jacques le Fataliste, *gravure d'après un dessin de Maurice Lenoir, édition Chamerot, 1884.*

Ce passage constitue le dénouement de la machination de Mme de La Pommeraye : le marquis des Arcis a fini par épouser Melle Duquênoi, qui est en réalité Melle d'Aisnon, ancienne femme de petite vertu que Mme de La Pommeraye a fait passer pour une dévote. Mis au courant par celle qui se croit vengée de son inconstance, le marquis renvoie sa femme dans ses appartements, non sans demander secrètement de ses nouvelles, puis il disparaît pendant quinze jours. À son retour, il convoque sa femme qui se jette à genoux en implorant son pardon et en lui demandant une sorte de mise à l'épreuve, pour lui montrer qu'elle est une honnête femme. Le marquis l'engage à se mettre debout.

Ce moment s'organise en trois mouvements suivis d'un bref épilogue : un passage au style direct dans lequel le marquis accorde son pardon, suivi d'une focalisation (concentration du regard et du point de vue) sur l'attitude de sa femme dans une sorte de tableau vivant et muet, comme si le langage du corps était pour l'instant le seul à pouvoir apporter une réponse. Enfin la communication se rétablit dans un dialogue entre les deux époux réconciliés.

Ce passage hautement dramatique et pathétique constitue un retournement dans l'histoire de la vengeance de Mme de La Pommeraye. Il fait l'objet d'enjeux à la fois moraux (le pardon), esthétiques (le tableau de la femme éplorée) et narratifs (la péripétie).

1. Les paroles du marquis

Étude du premier paragraphe

A. Le marquis reste une voix de l'autorité, il ne subit donc aucune dégradation par le pardon. Il commence à s'adresser à sa femme par un impératif (*Levez-vous*), ordre atténué il est vrai par l'adverbe *doucement*. Les procédés de l'asyndète et de la parataxe (juxtaposition de deux phrases sans mot de liaison), l'ordre inversé conséquence-cause permettent une grande sobriété du discours et suggèrent par la rapidité de l'enchaînement qu'il s'agit d'un pardon sans condition.

L'emploi du passé composé (*je vous ai pardonné*) montre l'aspect accompli du procès et introduit une rupture sans appel entre le temps d'avant le pardon et le temps d'après. Ce nouvel état des choses permet de reconsidérer le conflit passé.

B. Le texte progresse vers une complète assimilation entre Mme d'Aisnon et Mme des Arcis, femme du marquis. Au début, elles restent grammaticalement dissociées et sont éclatées en *vous* et *ma femme*, ce qui prouve qu'avant le pardon, le marquis ne considérait pas la marquise uniquement comme sa femme ; c'est donc à proprement parler une autre qu'elle qu'il a humiliée. Implicitement, en se présentant comme *son époux* dans une phrase à la troisième personne qui ne retient de l'ancienne d'Aisnon que sa qualité d'épouse, il la reconnaît comme sa femme. Cette reconnaissance se fait de plus en plus explicite : ce double aspect s'unifie dans l'apostrophe *ma femme* qui permet une sorte de second mariage en annulant la duperie du premier. La reconnaissance est ensuite sociale, le marquis ayant par la seule efficace de sa parole le pouvoir de conférer un titre (*madame la marquise*) qui jusque-là n'était qu'usurpé, et une *place* d'égal à égal avec lui dans la société, puisque la position de sa femme dans cette scène est à la fois réelle et symbolique.

Diderot, Jacques le Fataliste, *gravure d'après un dessin de Maurice Lenoir, édition Chamerot, 1884.*

C. Les verbes à l'impératif, auxquels le rythme ternaire donne un aspect solennel, expriment moins les ordres d'un maître despotique que les souhaits d'un mari bienveillant (*Soyez honnête, soyez heureuse, et faites que je le sois*).

Par ce pardon, le rituel du mariage est donc représenté, réactivé et remotivé. Il n'avait été qu'un jeu de dupes, fondé sur des conventions et des codes civil et ecclésiastique ; il devient un véritable accord des cœurs, un échange de volontés libres, comme on le pensait avant. Mlle d'Aisnon ne prend plus le nom de marquise des Arcis, c'est le marquis qui le lui donne. Ce rituel s'accomplit grâce à des paroles, mais il se fonde également sur un geste qui prend valeur symbolique.

Oxymore

L'oxymore est une figure de style qui établit une relation de contradiction entre deux termes qui dépendent l'un de l'autre ou qui sont coordonnés entre eux.

2. Un tableau pathétique
Étude du deuxième paragraphe

On insistera sur l'aspect pictural de cette scène. Il faut noter l'opposition entre une séquence de prostration, reposant sur des attitudes codées du corps, au plus-que-parfait (*elle était restée*), et la suite de la phrase, coordonnée par la conjonction adversative *mais*, structurée par des verbes de mouvement au passé simple (*se leva, se précipita*). La parole (*au mot de…*) suscite une réponse gestuelle du corps qui se manifeste comme un langage (*embrassé, suffoquée, baisait les pieds*). Cette scène très visuelle, scène à faire et morceau de bravoure de l'écrivain, pourrait aisément être adaptée pour le théâtre. C'est un moment de confusion des sentiments, comme le montre l'oxymore *par la douleur et par la joie*.

Ce tableau est donc à replacer à la fois dans l'esthétique du drame selon Diderot et dans ses goûts en matière de peinture. La scène pourrait avoir été peinte par Greuze. Quand le corps a parlé, le dialogue devient possible, car on est sorti d'une parole purement sociale et factice, celle dont avait usé Mme de La Pommeraye.

Diderot, Jacques le Fataliste, *aquarelle de Raoul Serres, 1928.*

3. Le duo des cœurs réconciliés
Étude du troisième paragraphe

Le dialogue s'ouvre sur une tournure exclamative (*Ah !*) : on reste bien dans le domaine de l'émotion et des affects. Pour le marquis, la parole vaut pour un acte ; pour sa femme, elle garde une sorte de puissance miraculeuse. Ce qui devait faire le plus de mal au marquis lui fait le plus grand plaisir ; voulant le mener à sa perte, Mme de La Pommeraye lui a assuré le bonheur. Vanité de nos actes et de notre puissance qui peuvent se retourner contre nous, difficulté de tout jugement moral assuré.

Seul demeure le problème du jugement de la société, vite résolu par une retraite hors du monde et de ses mesquineries, mensonges et fausses valeurs. C'est une façon de montrer que le véritable amour n'est pas celui que sanctionne le mariage et que la société approuve.

Notons enfin que cette scène est sans témoins, le narrateur qui la relate est donc omniscient, ce qui enfreint une des lois données ailleurs dans le roman, selon laquelle le narrateur rapporterait uniquement des faits sur lesquels il possède un témoignage, gageure que Diderot ne peut tenir.

Diderot, Jacques le Fataliste, *aquarelle de Raoul Serres, 1928.*

Conclusion. Ce passage, caractéristique de l'écriture de Diderot, est particulièrement célèbre. L'art du romancier et la réflexion du théoricien de la peinture et du théâtre croisent ici leurs effets. Cette scène de pardon, où rebondit le récit et où la morale se met elle-même en question, est dans la droite ligne de ce que Diderot admirait chez Richardson. On peut aujourd'hui ne plus la trouver au goût du jour à cause de ses effets un peu appuyés et de l'utilisation du pathos. Reconnaissons toutefois que Diderot sait faire parler les corps, ce qui fait de cette scène une véritable vision pour le lecteur.

Texte 4

Justine, Suzanne, Marguerite et les autres...

JACQUES. Ah ! dame Marguerite, apprenez-moi, je vous prie, je vous en aurai la plus grande obligation, apprenez-moi... En la suppliant ainsi, je lui serrais les mains et elle me les serrait aussi ; je lui baisais les yeux, et elle me baisait la bouche. Cependant il faisait tout à fait nuit. Je lui dis donc : Je vois bien, dame Marguerite, que vous ne me voulez pas assez de bien pour m'apprendre ; j'en suis tout à fait chagrin. Allons, levons-nous ; retournons-nous-en... Dame Marguerite se tut ; [elle reprit une de mes mains, je ne sais où elle la conduisit, mais le fait est que je m'écriai : « Il n'y a rien ! il n'y a rien ! »]

LE MAÎTRE. Scélérat, double scélérat !

JACQUES. Le fait est qu'elle était fort déshabillée, et que je l'étais beaucoup aussi. [Le fait est que j'avais toujours la main où il n'y avait rien chez elle, et qu'elle avait placé sa main où cela n'était pas tout à fait de même chez moi. Le fait est que je me trouvai sous elle et par conséquent elle sur moi. Le fait est que, ne la soulageant d'aucune fatigue, il fallait bien qu'elle la prît tout entière. Le fait est qu'elle se livrait à mon instruction de si bon cœur, qu'il vint un instant où je crus qu'elle en mourrait]. Le fait est qu'aussi troublé qu'elle, et ne sachant ce que je disais, je m'écriai : « Ah ! dame Suzanne, que vous me faites aise ! »

LE MAÎTRE. Tu veux dire dame Marguerite.

JACQUES. Non, non. Le fait est que je pris un nom pour un autre ; et qu'au lieu de dire dame Marguerite, je dis dame Suzon. Le fait est que j'avouai à dame Marguerite que ce qu'elle croyait m'apprendre ce jour-là, dame Suzon me l'avait appris, un peu diversement, à la vérité, il y avait trois ou quatre jours. Le fait est qu'elle me dit : « Quoi ! c'est Suzon et non pas moi ?... » Le fait est que je lui répondis : « Ce n'est ni l'une ni l'autre. » Le fait est que, tout en se moquant d'elle-même, de Suzon, des deux maris, [et qu'en me disant de petites injures, je me trouvai sur elle, et par conséquent elle sous moi, et qu'en m'avouant que cela lui avait fait bien du plaisir, mais pas autant que de l'autre manière, elle se retrouva sur moi, et par conséquent moi sous elle. Le fait est qu'après quelque temps de repos et de silence, je ne me trouvai ni elle dessous, ni moi dessus, ni elle dessus, ni moi dessous ; car nous étions l'un et l'autre sur le côté ; qu'elle avait la tête penchée en devant et les deux fesses collées contre mes deux cuisses. Le fait est que], si j'avais été moins savant, la bonne dame Marguerite m'aurait appris tout ce qu'on peut apprendre. Le fait est que nous eûmes bien de la peine à regagner le village. Le fait est que mon mal de gorge est fort augmenté, et qu'il n'y a pas d'apparence que je puisse parler de quinze jours.

Folio, pages 255-256

Diderot, Jacques le Fataliste, *gravure d'après un dessin de Maurice Lenoir, édition Chamerot, 1884.*

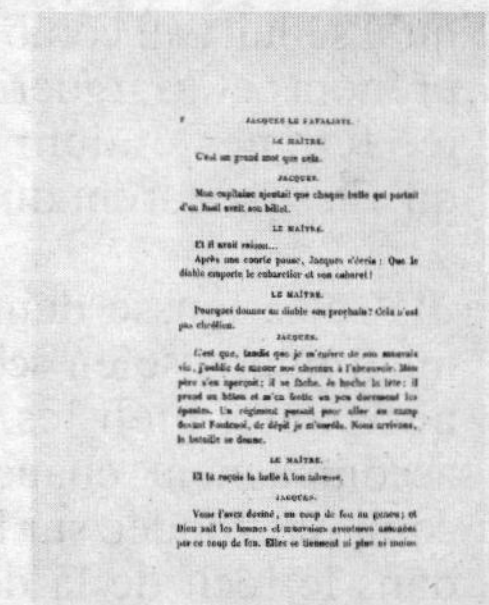
JACQUES LE FATALISTE.

LE MAÎTRE.

C'est un grand mot que cela.

JACQUES.

Mon capitaine ajoutait que chaque balle qui partait d'un fusil avait son billet.

LE MAÎTRE.

Et il avait raison...

Après une courte pause, Jacques s'écria : Que le diable emporte le cabaretier et son cabaret !

LE MAÎTRE.

Pourquoi donner au diable son prochain ? Cela n'est pas chrétien.

JACQUES.

C'est que, tandis que je m'enivre de son mauvais vin, j'oublie de mener nos chevaux à l'abreuvoir. Mon père s'en aperçoit ; il se fâche. Je hoche la tête ; il prend un bâton et m'en frotte un peu durement les épaules. Un régiment passait pour aller au camp devant Fontenoi, de dépit je m'enrôle. Nous arrivons, la bataille se donne.

LE MAÎTRE.

Et tu reçois la balle à ton adresse.

JACQUES.

Vous l'avez deviné, un coup de feu au genou ; et Dieu sait les bonnes et mauvaises aventures amenées par ce coup de feu. Elles se tiennent ni plus ni moins

Un parcours de *Jacques le Fataliste* suppose un commentaire sur les fameuses *amours de Jacques*, promises dès le début du récit et toujours retardées. On s'attardera ici sur leur commencement, qui n'est, comme d'habitude dans le récit-piège de Diderot, pas un véritable commencement. Jacques est en effet « déniaisé » plusieurs fois, en faisant croire à chacune de ses initiatrices qu'elle est la première. C'est en fait Justine qui a eu la primeur.

Vient ensuite le diptyque Suzanne-Marguerite : la première lui propose de venir couper du bois avec elle et lui ôte *[son] pucelage qu'[il] n'avait plus*. La seconde lui demande de l'accompagner au moulin. Jacques lui laisse croire qu'il imagine qu'une femme est *un homme qui a un cotillon, une cornette et de gros tétons*. Marguerite entreprend alors de ne pas le laisser mourir idiot. Ces deux épisodes parallèles sont des contes grivois à tonalité comique.

Diderot, Jacques le Fataliste*, aquarelle de Raoul Serres, 1928.*

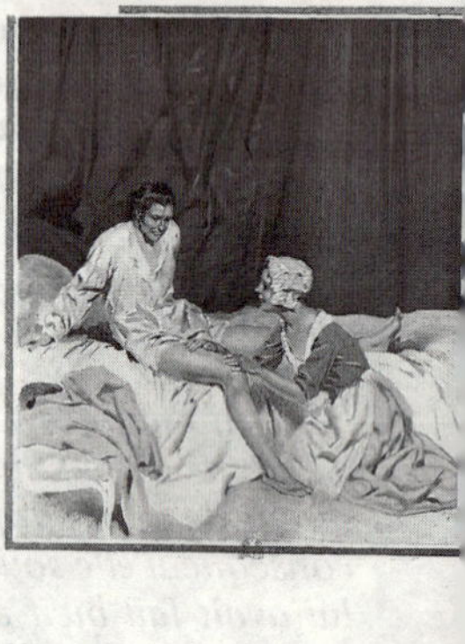

1. Les préliminaires et la « révélation »

A. Jacques implore Marguerite de lui apprendre ce qu'est une femme, afin qu'il n'ait plus l'air ridicule quand des hommes faits abordent ce sujet. Le vocatif exclamatif (*Ah ! dame Marguerite…*) sur lequel commence la supplique de Jacques est une pierre d'attente, un point d'appel du comique : dans ses grandes manœuvres de séduction jamais avouée, Jacques se souvient encore du prénom de la femme qu'il séduit ; au comble du ravissement, il inversera les prénoms et Marguerite deviendra Suzanne, comme si les femmes étaient interchangeables, du moment qu'elles procurent du plaisir.

B. Cette fausse demande d'initiation est véritablement une mise en scène dans le récit de Jacques, qui note aussi bien les paroles que les gestes qui les accompagnent, ébauchant le procédé de la réciprocité comique, fondée sur la répétition, qui sera systématisé dans le récit de la débauche proprement dite, pour notre plus grand plaisir. La répétition des verbes *serrer* et *baiser* suggèrent, si nous ne l'avions déjà compris, que Marguerite est consentante, et provoque un effet comique devant une telle mécanique. Ces préliminaires permettent d'attendre la tombée de la nuit (*Cependant il faisait tout à fait nuit*), plus propice à une éducation plus approfondie. Jacques n'oublie pas de prendre Marguerite par les sentiments (*j'en suis tout à fait chagrin*), puis propose de partir (*Allons, levons-nous, retournons-nous-en…*), ce qui est le meilleur moyen de la faire rester.

C. La *révélation* que connaît Jacques, exprimée dans une phrase exclamative (*Il n'y a rien ! Il n'y a rien !*) a une grande portée comique : le lecteur apprécie le stratagème de Jacques et la justesse paillarde de la formule qu'il trouve. Il éprouve à la fois le plaisir d'un mini coup de théâtre et d'une phrase leste et malicieuse, que l'on peut considérer comme un trait d'esprit. Marguerite, ou comment l'esprit vient aux garçons, et à Jacques…

Scène grivoise, gravure anonyme du XVIIIe siècle.

2. « UN NOM POUR UN AUTRE » : QUIPROQUO DU PLAISIR ET PLAISIR DU QUIPROQUO

A. L'intervention du maître (*Scélérat, double scélérat !*) constitue un point de vue moral, jusque-là absent du texte, qui était pur plaisir du verbe et du geste. Jacques ne cherche nullement à échapper à cette condamnation, il se contente de présenter les événements avec une pseudo-objectivité, grâce à la répétition de *le fait est que…*, comme s'il n'était pas, par sa volonté et sa stratégie, à l'origine de ces faits.

B. Suit un nouveau passage entre crochets, censuré par les descendants de Diderot, qui fonctionne sur les procédés de l'euphémisme et de la litote, art de ne pas nommer, tout en évoquant de façon extrêmement précise les gestes, les organes du corps et les positions ; le sexe, celui de la femme et celui de l'homme, est présent partout dans ce texte, sans être jamais nommé, grâce à l'utilisation de savoureuses périphrases (*où il n'y avait rien chez elle ; où cela n'était* *pas tout à fait de même chez moi*). Cela explique que ce passage ne tourne jamais à la pornographie, malgré l'évocation sans fausse pudeur des plaisirs des corps, puisqu'il garde toujours le ton de la bonne blague paillarde et grivoise. Nous sommes dans la tradition bien connue de la gauloiserie.

C. Le comble du plaisir pour Jacques est aussi le comble du plaisir pour le lecteur qui se voit gratifié d'un *lapsus* de Jacques, qui reconnaît le plaisir, mais plus celle qui le lui donne. Le lecteur n'a pas envie, comme le maître de rappeler Jacques à la cohérence de son récit : il le trouve plus drôle ainsi. Le maître reste prisonnier de l'illusion référentielle et se gâche son plaisir par des jugements moraux et une attention trop exacte au récit lui-même ; le lecteur a reconnu dans quel genre de récit on l'entraîne et il est peu soucieux des prénoms et de la moralité, pourvu qu'il s'amuse. Ce *lapsus* constitue le deuxième coup de théâtre de ce récit raconté en vue de plaire.

3. De la satisfaction des corps à l'extinction de la voix

A. L'aveu de la tromperie de Jacques n'est suivi d'aucune rancœur et encore moins de punition. Il semble relancer l'entente des corps et l'imagination érotique. La répétition de la structure syntaxique des phrases (*Le fait est que…*) et des adverbes locatifs (*dessus*, *dessous*), et la restriction maximale du vocabulaire procurent à ce passage, censuré par la famille de Diderot, une vitesse et un rythme quasi-mécaniques, et créent l'effet d'un film passé en accéléré. Jacques et Marguerite s'agitent comme des pantins, le corps en liberté.

Le Vice forcé dans ses retranchements, *gravure anonyme, 1778.*

B. L'allusion au mal de gorge et la menace d'extinction de voix suivent sans aucune transition la description des plaisirs et des positions érotiques ; la construction syntaxique reste la même, comme si l'extinction de voix découlait logiquement de l'épisode raconté, et qu'il n'y avait aucune distance temporelle entre le moment où a eu lieu ce que raconte Jacques et le moment où il en fait le récit à son maître. On pourrait lire cette atteinte à la voix, et donc à la parole, comme un retour du corps socialisé, pour ne pas dire moralisé, après cette explosion de plaisir et de liberté des corps. L'extinction de voix serait une forme de censure *a posteriori*.

Conclusion. Revenir sur la tonalité de ce passage, que d'aucuns ont pu juger caractéristique d'une obscénité propre à Diderot. Vu son style comique, obtenu grâce aux procédés de la répétition et de la périphrase, ce texte ne peut être classé dans le genre de la pornographie pesante. C'est un conte du corps et pour le corps. L'attention de Diderot philosophe aux besoins et à la gestion des corps se fait aussi dans la fiction.

Texte 5

Comment finir ?

Le troisième paragraphe nous montre Jacques, notre pauvre Fataliste, les fers aux pieds et aux mains, étendu sur la paille au fond d'un cachot obscur, se rappelant tout ce qu'il avait retenu des principes de la philosophie de son capitaine, et n'étant pas éloigné de croire qu'il regretterait peut-être un jour cette demeure humide, infecte, ténébreuse, où il était nourri de pain noir et d'eau, et où il avait ses pieds et ses mains à défendre contre les attaques des souris et des rats. On nous apprend qu'au milieu de ses méditations les portes de sa prison et de son cachot sont enfoncées ; qu'il est mis en liberté avec une douzaine de brigands, et qu'il se trouve enrôlé dans la troupe de Mandrin. Cependant la maréchaussée, qui suivait son maître à la piste, l'avait atteint, saisi et constitué dans une autre prison. Il en était sorti par les bons offices du commissaire qui l'avait si bien servi dans sa première aventure, et il vivait retiré depuis deux ou trois mois dans le château de Desglands, lorsque le hasard lui rendit un serviteur presque aussi essentiel à son bonheur que sa montre et sa tabatière. Il ne prenait pas une prise de tabac, il ne regardait pas une fois l'heure qu'il était, qu'il ne dît en soupirant : « Qu'es-tu devenu, mon pauvre Jacques !... » Une nuit le château de Desglands est attaqué par les Mandrins ; Jacques reconnaît la demeure de son bienfaiteur et de sa maîtresse ; il intercède et garantit le château du pillage. On lit ensuite le détail pathétique de l'entrevue inopinée de Jacques, de son maître, de Desglands, de Denise et de Jeanne.

« C'est toi, mon ami !

– C'est vous, mon cher maître !

– Comment t'es-tu trouvé parmi ces gens-là ?

– Et vous, comment se fait-il que je vous rencontre ici ?

– C'est vous, Denise ?

– C'est vous, monsieur Jacques ? Combien vous m'avez fait pleurer !... »

Mandrin et sa troupe, gravure anonyme, XVIIIe siècle.

Cependant Desglands criait : « Qu'on apporte des verres et du vin ; vite, vite : c'est lui qui nous a sauvé la vie à tous... »

Quelques jours après, le vieux concierge du château décéda ; Jacques obtient sa place et épouse Denise, avec laquelle il s'occupe à susciter des disciples à Zénon et à Spinoza, aimé de Desglands, chéri de son maître et adoré de sa femme ; car c'est ainsi qu'il était écrit là-haut.

[On a voulu me persuader que son maître et Desglands étaient devenus amoureux de sa femme. Je ne sais ce qui en est, mais je suis sûr qu'il se disait le soir à lui-même : « S'il est écrit là-haut que tu seras cocu, Jacques, tu auras beau faire, tu le seras ; s'il est écrit au contraire que tu ne le seras pas, ils auront beau faire, tu ne le seras pas ; dors donc, mon ami... » et qu'il s'endormait.]

Folio, pages 329-330

Tout comme le roman avait du mal à commencer, il n'a pas de fin univoque, qui constituerait une véritable clôture, comme si pour Diderot, finir un roman était aussi arbitraire que le commencer.

Diderot propose plusieurs fins, la première étant celle des pages 325-326 : *Et moi, je m'arrête, parce que je vous ai dit de ces deux personnages tout ce que j'en sais.* Il engage alors le lecteur frustré et mécontent à trouver lui-même une fin et se donne la possibilité d'en proposer une autre, en alléguant, selon un procédé aussi artificiel que traditionnel dans la production romanesque du XVIIIe siècle, des Mémoires qu'il se propose de relire et de soumettre au jugement critique du lecteur. Ils sont divisés en trois paragraphes, qui constituent autant de fins possibles : les deux premiers mettent un point final, version tendre ou version paillarde, à l'histoire des amours de Jacques qui s'achève – ou non ! – sur un mariage. Nous proposons une étude de la fin mise en place par le troisième et dernier paragraphe de ces Mémoires.

1. Comment sortir du roman-prison ?

A. Par une étrange coïncidence, qui n'existe que dans les romans, Jacques aussi bien que son maître sont emprisonnés, dans des lieux différents cependant. L'emprisonnement de Jacques renoue, par-delà les trois autres fins proposées, avec son arrestation à la place de son maître, à la fin du voyage (p. 325).

B. La libération de Jacques est un moment qui n'échappe au pur artifice romanesque que par l'introduction d'un personnage ayant réellement existé, Mandrin (1724-1755), immédiatement reversé dans le romanesque et le fictif, puisqu'il décide d'attaquer le château de Desglands.

Un gueux, gravure anonyme, XVIIIe siècle.

2. Vous ici…

A. Vient alors une scène de retrouvailles et de reconnaissance, dont Diderot utilise, à des fins parodiques, l'origine théâtrale et romanesque. L'entrevue est rapportée dans un dialogue au style direct, ce qui accentue les traits mécaniques et attendus d'une telle scène, dénoncée ainsi comme un cliché facile, à l'usage des romanciers sans imagination. On notera la répétition de *c'est vous…* qui produit un effet comique.

B. Dès lors, il faut bien voir que l'adjectif *pathétique* est employé par antiphrase dans cette écriture ironique : cette scène convenue n'a rien à voir avec le pathétique vrai, tel que le définit Diderot.

3. Est-il cocu ? Est-il content ?

A. La remarque finale sur l'avenir de Jacques en mari cocu peut être lue comme une gauloiserie traditionnelle et un ressort éprouvé de la comédie de mœurs. Elle permet en outre à Jacques d'exprimer son fatalisme, remotivant *in extremis* le titre du roman.

B. Mais le fatalisme, appliqué au cocuage, perd de sa dignité et de sa crédibilité. On a donc une fin assez bouffonne qui ne prend au sérieux ni les conventions romanesques qu'elle caricature, ni la thèse philosophique que le roman a présentée. D'autre part, les dernières phrases font écho au dénouement de *Candide* (« Il faut cultiver notre jardin »), comme si la fiction était une continuation de la réflexion, dans ce siècle où les philosophes ne cessent de dialoguer entre eux.

Diderot, Jacques le Fataliste, *gravure d'après un dessin de Maurice Lenoir, édition Chamerot, 1884.*

C. Un personnage, très présent au début et au cours du roman, semble étrangement absent de cette fin : il s'agit du lecteur. En fait, le dernier paragraphe, tout en permettant un dernier clin d'œil paillard, décrit, de façon symbolique et métaphorique, la situation du lecteur. C'est bien lui le cocu de l'histoire.

Conclusion. *Jacques le Fataliste* est une œuvre ouverte. Le roman ne se clôt pas de façon univoque et dogmatique sur un sens unique qui mènerait à une impasse… Sur le mode de la fiction et sans quitter le domaine du romanesque, en proposant plusieurs issues narratives qui n'en bouchent aucune, Diderot reconnaît implicitement le droit à l'interprétation personnelle. Le texte s'ouvre donc sur un espace de liberté.

À droite, Passions, *note manuscrite de Diderot.*

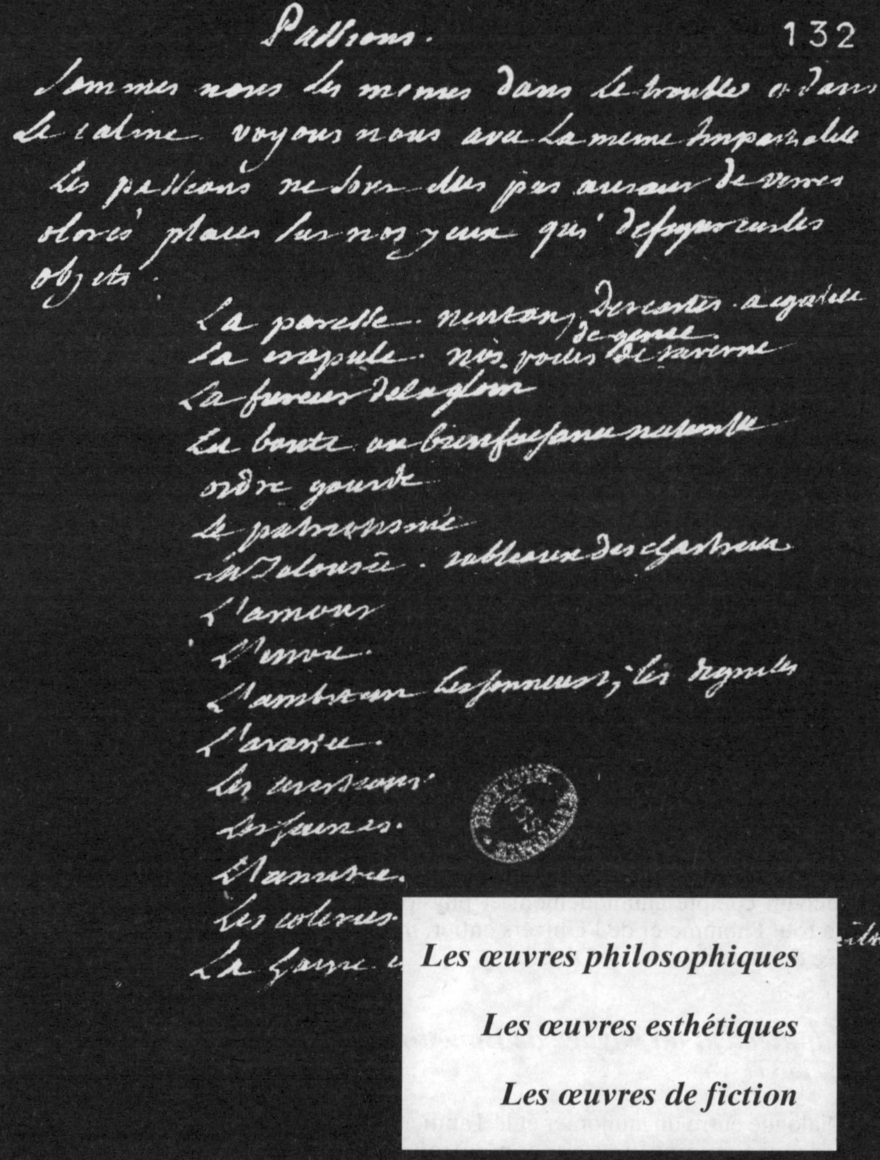
Passions. 132

Sommes nous les memes dans le trouble et dans le calme voyons nous avec la meme impartialite les passions ne sont elles pas autour de verres colorés placés sur nos yeux qui defigurent les objets.

La paresse. newton, descartes. a egalite de genie

la crapule. nos voiles de taverne

La fureur de la gloire

La bonte ou bienfaisance naturelle

ordre gourde

Le patriotisme

la jalousie. tableaux des chartreux

L'amour

L'envie.

L'ambition les honneurs, les dignites

L'avarice.

Les aversions

Les haines.

L'avarice.

Les coleres

La haine

Les œuvres philosophiques

Les œuvres esthétiques

Les œuvres de fiction

Les œuvres philosophiques

Diderot est un polygraphe. Son œuvre est donc composite. On ne fera que mentionner ses œuvres philosophiques, pour s'attarder plus longuement à ses œuvres esthétiques et à ses œuvres de fiction.

Pensées philosophiques (1746)

Première œuvre personnelle de Diderot.

Lettre sur les aveugles à l'usage de ceux qui voient (1749)

Diderot l'écrit à la suite de l'opération réalisée par Réaumur et qui a rendu la vue à un aveugle-né. Épanouissement de la pensée matérialiste : l'homme n'est qu'un hasard de l'organisation de la matière par elle-même ; le monde que nous voyons n'est qu'un instant de l'éternel mouvement des atomes. La morale dépend des sens : un aveugle n'a pas la même morale qu'un homme qui voit clair. Ce livre lui vaut d'être emprisonné à Vincennes.

Portrait de Réaumur, gravure de Simonneau, fin XVIIIe siècle.

Rêve de d'Alembert (1769)

Trilogie sous forme de dialogues qui, en rendant compte chimiquement et physiologiquement de tout l'homme et de l'Univers entier, marque l'apogée du matérialisme de Diderot.

Supplément au voyage de Bougainville (1773-1774)

Dialogue entre un aumônier et le Tahitien Orou qui se présente comme une condamnation radicale du mariage (au moment où Diderot vient de marier bourgeoisement sa fille Angélique…). Tant que le code naturel n'aura pas remplacé les codes civil et ecclésiastique, il faut s'en tenir aux lois et aux mœurs, en essayant toutefois de les réformer progressivement.

Les œuvres esthétiques

Diderot, Lettre sur les sourds et muets, *page de titre, édition de 1751.*

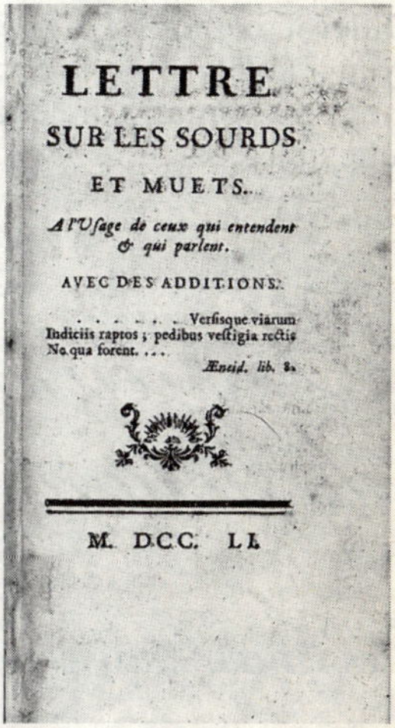
LETTRE
SUR LES SOURDS
ET MUETS.
A l'Usage de ceux qui entendent & qui parlent.
AVEC DES ADDITIONS.
. . . . . . Verfisque viarum
Indiciis raptos ; pedibus vestigia rectis
Ne qua forent. . . .
Æneid. lib. 8.
M. DCC. LI.

Salons de 1763, 1765, 1767

Pour son ami Grimm, Diderot rend compte, de 1759 à 1781, des salons de peinture qui se tiennent à Paris. C'est là qu'il développe, parallèlement à la réflexion qu'il mène sur le théâtre et l'esthétique du drame bourgeois, son goût pour la réalité simple et familière, le pathétique sombre et théâtral, le moralisme allégorique et larmoyant. Il admire Chardin, Vernet, Greuze… D'une certaine façon, Diderot invente la critique d'art.

Paradoxe sur le comédien
(1773, publié en 1830)

Dans ce dialogue, Diderot élabore son esthétique théâtrale. Le théâtre qu'il appelle de ses vœux serait fondé sur le pathétique de la vie quotidienne, source d'impressions fortes, et sur la vérité des *conditions*. Le *cri*, les *mots inarticulés* y succéderaient au discours, dans le paroxysme de la passion. Ce théâtre donnerait sa place à la pantomime, à des tableaux vivants, pour exalter la violence des effets scéniques. C'est une brèche décisive dans le système de la représentation classique, centrée sur la déclamation (la tirade). Le théâtre n'a de sens que dans l'expression d'un pathétique moral. D'où l'importance de l'acteur et de son corps. Les écrits théoriques de Diderot éclipsent pour nous son œuvre de dramaturge.

Dans le *Paradoxe sur le comédien*, Diderot soutient que le grand comédien n'a aucune sensibilité, il joue de tête : *C'est l'extrême sensibilité qui fait les acteurs médiocres ; c'est la sensibilité médiocre qui fait la multitude des mauvais acteurs ; et c'est le manque absolu de sensibilité qui prépare les acteurs sublimes. Les larmes du comédien descendent de son cerveau.*

L'expérience du théâtre a été très utile à Diderot, comme si la théorie et la pratique du drame (1756-1758) le conduisaient irrésistiblement au roman sur lequel il développe une réflexion dans l'*Éloge de Richardson* (1762).

Diderot, Les Bijoux indiscrets, *édition originale, 1748.*

Les œuvres de fiction

Les Bijoux indiscrets (1748)

Ce premier roman de Diderot est composé par défi pour rivaliser avec les romans libertins de Crébillon fils. Sous l'artifice de la fiction de l'anneau magique faisant parler les femmes par une partie inattendue de leur corps, apparaît la conscience d'un double discours permanent de l'être humain : le discours social, masqué, celui de la bouche, et le discours brut, naturel, des profondeurs de l'être. Plaisir d'une parodie quelque peu sacrilège de la confession, mais aussi affirmation que la vraie nature des êtres est celle de leur corps, et que cette voix-là seule

Livret du salon de 1769, illustré par Gabriel de Saint-Aubin.

PEINTURES.

... DE LA GRENÉE, Professeur.

...rès enseigne l'Agriculture au Roi Triptolême, dont elle nourrissoit le Fils de son propre lait.

Ce Tableau, de 9 pieds 4 pouces de haut, sur 7 pieds 4 pouces de large, est destiné à décorer la Salle à manger du nouveau Pavillon de Trianon.

Mars & Vénus surpris par Vulcain.

16. Psiché surprend l'Amour endormi.

Ces deux Tableaux font partie de la décoration de la Chambre à coucher du Roi, au Château de Belle-Vue.

...élémaque dans l'Isle de Calypso, devient amoureux de la Nymphe Eucharis, en caressant l'Amour.

18. Alphée poursuit Aréthuse, Diane les métamorphose, l'un en Fleuve, & l'autre en Fontaine.

19. Clitie abandonnée par Apollon.

Ces trois Tableaux sont de 2 pieds ... pouces de largeur, sur 1 pied 10 pouces de hauteur.

20. Bacchus & Ariane.

21. Diane & Endymion.

Ces deux Tableaux ont 15 pouces de hauteur, sur 13 pouces de largeur.

traduit l'authenticité, ce roman permet un large panorama de la société : salons, couvents, opéra, théâtre…

La Religieuse (1760, publié en 1796)

Roman-Mémoires (genre florissant au XVIIIe siècle) né d'une mystification : pendant l'été 1760, pour faire revenir à Paris leur ami le marquis de Croismare, qui s'était intéressé avant son départ au sort d'une jeune religieuse de Longchamp réclamant juridiquement contre ses vœux, Diderot et ses amis imaginent de lui écrire, en faisant passer leurs lettres pour celles de cette religieuse (dont Croismare ignorait le nom), et en lui faisant croire qu'elle s'est évadée du couvent et qu'elle lui demande son aide.

Diderot retravaillera ces lettres écrites au départ *au milieu des éclats de rire*, jusqu'à en faire ces Mémoires pathétiques qui forment à proprement parler le récit. Ainsi naît Suzanne Simonin, enfant illégitime placée dans un couvent à 16 ans, afin de ne pas nuire à ses sœurs légitimes et de réparer la faute de sa mère.

Le roman se déroule en trois stations, où Diderot montre à chaque fois les effets pervers de l'enfermement contre nature imposé par la vie conventuelle, sur les femmes qui le subissent.

PENSÉES
PHILOSOPHIQUES.
(par Diderot).
A LA HAYE,
Aux dépens de la Compagnie.
M. DCC. XLVI.
Rés. p. R.
677

Diderot, Pensées philosophiques, *page de titre, 1746.*

Neveu de Rameau (1762, publié en 1805)

Ce texte est difficilement assignable à un genre, aussi bien dans l'œuvre de Diderot que dans la littérature française. Diderot lui a donné comme sous-titre, *Satire seconde.* Il s'agit en fait, après un prologue qui présente un portrait du philosophe et un autre, bien connu, de Jean-François Rameau, d'un dialogue plein de verve, allant de notions philosophiques (les *idiotismes moraux*, l'éducation, le bien) ou sociales (le *pacte tacite*, l'argent…) à des discussions esthétiques (le génie, la musique, le théâtre, la querelle des Bouffons) en passant par des règlements de comptes personnels

(Palissot, le libraire David…), dialogue entrecoupé par des pantomimes du neveu. Ce n'est pas un roman car le neveu n'a pas de devenir, c'est un personnage saisi dans l'instant présent ; la vigueur du dialogue, les pantomimes de cet homme-orchestre qu'est le neveu ont séduit bien des hommes de théâtre, mais on ne pourrait pas, sans forcer le texte et l'appauvrir considérablement, classer le *Neveu de Rameau* dans le genre dramatique.

Julien Bertheau et Pierre Fresnay dans le Neveu de Rameau, *1963.*

Page de droite, Plan d'un Opéra comique, *note manuscrite de Diderot.*

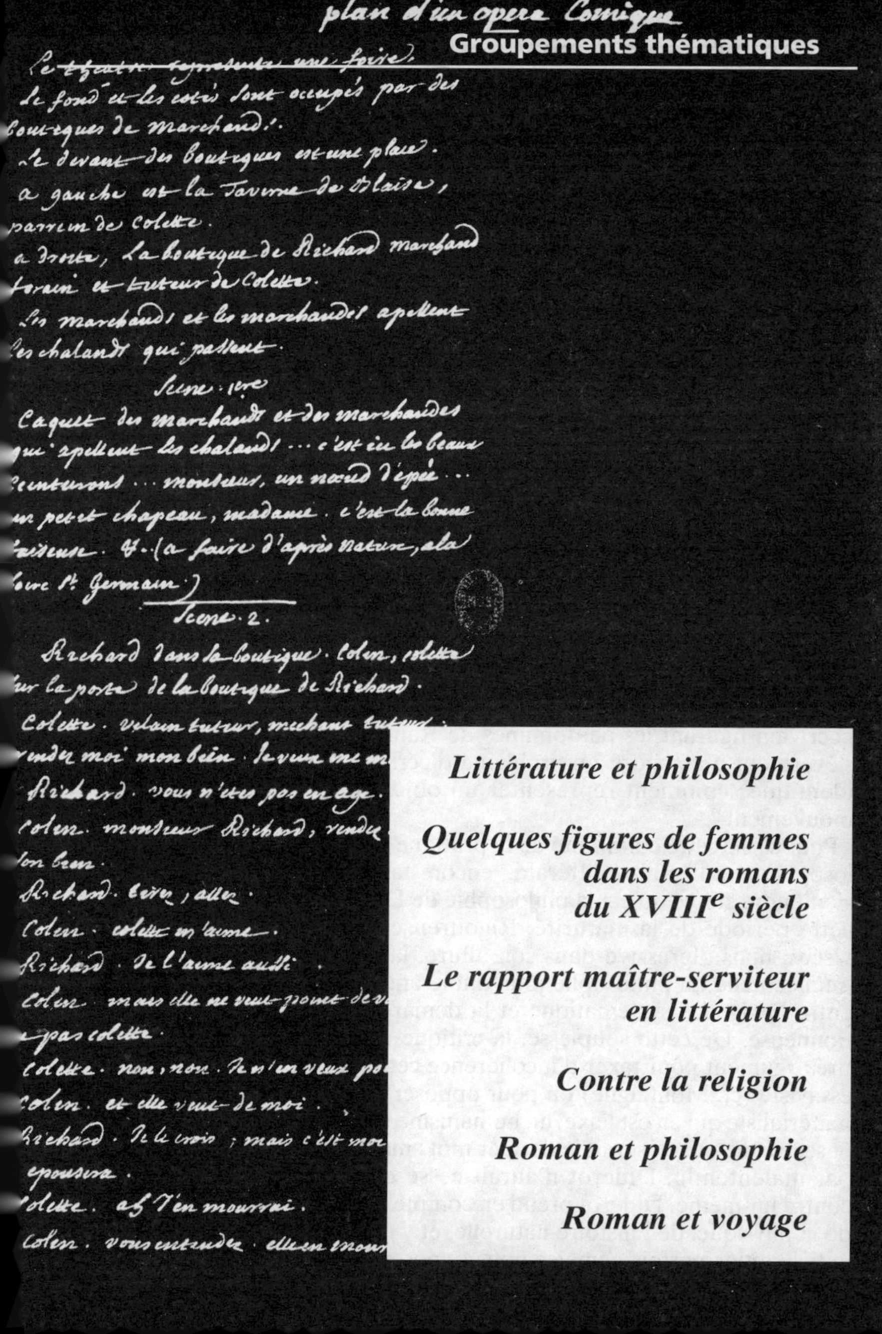

Littérature et philosophie

Quelques figures de femmes dans les romans du XVIIIe siècle

Le rapport maître-serviteur en littérature

Contre la religion

Roman et philosophie

Roman et voyage

Littérature et philosophie : en prélude à toute thématique diderotienne

« Traditionnellement on débite en tranches l'activité polygraphique de Diderot : *Encyclopédie*, philosophie, critique d'art, théâtre, roman… […]. Or la continuité entre "littérature" et "philosophie" caractérise la pensée des Lumières qui a souvent donné forme de récit à ses hypothèses (histoire de la raison, genèse de l'état social…). Et n'oublions pas que Montesquieu, Voltaire, Rousseau ont tous été romanciers ! Dans le cas de Diderot, des travaux récents ont démontré que dans des textes à finalité différente s'investit un même travail scriptural : par exemple, l'encyclopédiste décrivant le métier à bas et l'écrivain figurant les pantomimes de Rameau s'évertuent à résoudre un problème d'écriture identique : comment représenter un objet en mouvement ?

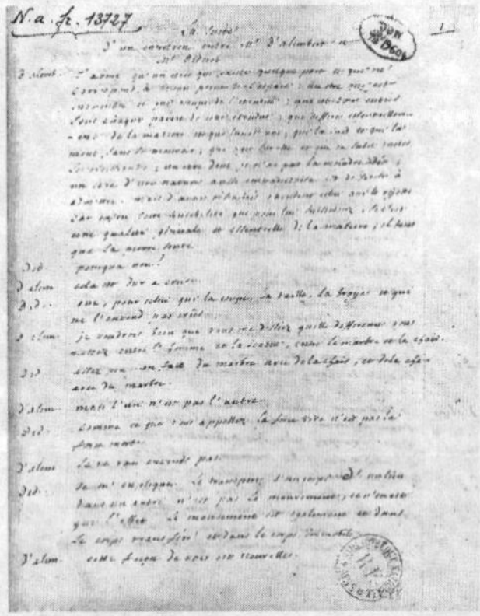

Diderot, le Rêve de d'Alembert, *page manuscrite.*

Pour saisir cette continuité de la pratique philosophique à l'écriture littéraire, encore faut-il s'entendre sur ce qu'est la philosophie de Diderot en cette période de la maturité. Rigoureuse dans ses visées, mais digressive dans son allure, la pratique intellectuelle du philosophe joue d'une ambivalence entre l'exigence systématique et la démarche questionneuse. De cette souplesse, la critique a souvent tiré argument pour taxer d'incohérence cette pensée essayiste (cf. Montaigne) ou pour opposer au projet matérialiste qui en est l'axe, un humanisme relativiste et sceptique qui en serait le dernier mot : matérialiste par malentendu, Diderot n'aurait cessé de penser contre lui-même. Diderot prend en compte les acquis de la physique, de l'histoire naturelle, et y ajoute des anticipations parfois géniales pour opposer à l'idéalisme (Berkeley, etc.) le concept philosophique de matière (primat de l'être sur la pensée) ; de même il récuse le dualisme, chrétien et cartésien, entre l'âme et le corps, en vertu d'une conception moniste de l'ordre universel défini comme un processus matériel auquel le mouvement est inhérent. Tel est le noyau fondamental de sa pensée. Qu'au demeurant ce matérialisme énergétiste oscille entre un pôle mécaniste et un pôle humaniste et déiste, qu'il y ait tension entre l'écriture romanesque et le projet matérialiste, etc., ce sont là autant de contradictions dynamiques dont nous relèverons les traces dans la structure même de *Jacques*.

Grands hommes français, *Diderot, gravure du XIXe siècle.*

Commune au texte "philosophique" et au texte "littéraire", l'écriture dialoguée, qui se généralise après 1760, renvoie au "rapport singulier et fort complexe entre Diderot et son lecteur" (Dieckmann). Diderot est hanté par le problème de la communication (pour qui écrit-on ? par qui est-on lu ?) et il a toujours besoin pour écrire d'une impulsion affective, d'un rapport vécu avec un interlocuteur [...]. Cette visée d'un lecteur idéal, dont ses amis – en attendant la postérité – sont la promesse ou le substitut, explique en partie la présence dans les dialogues de personnes "réelles" transformées en personnages d'interlocuteurs : d'Alembert dans le *Rêve*, J.-F. Rameau dans le *Neveu*. Jouant parfois le rôle du lecteur idéal, cet interlocuteur représente le plus souvent l'adversaire (le neveu), le partenaire peu compréhensif (*Paradoxe sur le comédien*) ou, au contraire, le complice du narrateur (*Contes*), ou encore le mauvais lecteur, repoussoir qui nous incite, nous lecteurs réels, à devenir de bons lecteurs (*Jacques*).

Portrait de Diderot, gravure de Toulougeon.

Cet usage généralisé du dialogue correspond aussi à la conception matérialiste que Diderot se fait de la vie de l'esprit. Moteur de l'activité intellectuelle, le désir de vérité propulse cet *enthousiasme rationnel* qui caractérise la curiosité inlassable du philosophe (*cf.* l'ivresse spéculative de Jacques). Or l'inventivité exige le libre exercice d'attitudes mentales qui échappent à la stricte rationalité : la capacité de distraction et de rêverie, l'esprit d'analogie et le sens du symbole, la disponibilité aux pressentiments, traits que l'on retrouve dans le comportement de Jacques. Processus matériel, l'esprit est un système de hasards nécessaires dont l'apparent *décousu* cache un *ordre sourd*. D'où ces *intempérances d'esprit*, ces *extravagances fécondes*, ce libertinage mental (*mes pensées ce sont mes catins*) où Diderot cherche le principe d'un fonctionnement qui serait commun au rêve, à la folie, à la conversation, à la spéculation philosophique, à la pratique scripturale. De même que la pensée résulte d'un *enchaînement nécessaire d'idées*, de même le travail de l'écriture met en jeu une série complexe de déterminations : récit aléatoire, *Jacques* reflète autant les caprices de l'esprit que les accidents d'un voyage, et c'est au lecteur actif d'y découvrir *une suite d'effets nécessaires*. On devine combien cette conception de la vie mentale – qui étaye la théorie matérialiste du génie conçu comme une combinaison originale de *causes physiques et morales* – peut légitimer le refus de la composition ordonnée, le recours à la digression inventive : il faut lâcher la bride au désir de vérité (la vérité est un mouvement non une essence) et plier l'écriture à l'arbitraire créateur de la conversation. La même déraison féconde justifie l'usage du paradoxe – cher à Diderot et cher à Jacques –, car le paradoxe, manié lucidement, autorise toutes les audaces sans faire perdre le sens du réel. Critique et pédagogique, le paradoxe entretient la vigilance, la disponibilité de l'esprit et sa capacité d'insoumission.

Or la démarche paradoxale est profondément liée au dialogue, voire au récit. »

Éric Walter,
« Jacques le Fataliste » de Diderot,
coll. « Poche critique », Hachette

Texte de 900 mots, résumable en 225 mots, + ou – 10% (donc de 200 à 250 mots).

Méthode

Les règles du résumé

– Un résumé doit reproduire la structure du texte initial. Pour cela, inutile de suivre pas à pas le découpage des paragraphes, cela donne comme résultat l'impression d'un montage de phrases isolées ou de microparagraphes.

– Il est essentiel de rendre compte, et de reproduire, les articulations du raisonnement.

– Il faut remplacer les mots de l'auteur par d'autres mots. Mais certains mots, qui mettent en place les concepts fondamentaux, peuvent et doivent être reproduits à l'identique.

– Il vaut mieux privilégier plusieurs phrases courtes qu'une phrase longue et embrouillée.

– Asyndète (absence volontaire de liaison) et parataxe (juxtaposition plutôt que subordination de deux éléments) sont vivement conseillées. De même, deux points (:) remplacent avantageusement les parce que, de sorte que, etc.

– Préférez les formes verbales actives aux passives.

...

« Ô femme, femme, femme » ... quelques figures de femmes dans les romans du dix-huitième siècle.

On proposera ici un choix non exhaustif de représentations de la condition féminine.

1. Quelle place pour la jeune femme ?

Au XVIIIe siècle, la femme est encore en enfance, elle dépend étroitement de sa famille, puis de son mari. À de rares exceptions près, elle n'a aucune autonomie. Elle ne choisit pas son destin, réglé par les mères, les hommes et les conditions extérieures, en particulier sociales.

A. Suzanne Simonin, la religieuse

Son père est avocat, elle a deux sœurs auxquelles elle risque de nuire : étant une enfant illégitime, elle ne peut prétendre à la même dot qu'elles. Ne pouvant passer sous l'autorité d'un mari, elle est placée dans un couvent, à seize ans, pour réparer la faute de sa mère.

Comme nous étions venues au monde à peu de distance les unes des autres, nous devînmes grandes toutes les trois ensemble. Il se présenta des partis. Ma sœur aînée fut recherchée par un jeune homme charmant ; je m'aperçus qu'il me distinguait et qu'elle ne serait incessamment que le prétexte de ses assiduités. Je pressentis tout ce que ses attentions pouvaient m'attirer de chagrins, et j'en avertis ma mère. C'est peut-être la seule chose que j'aie faite en ma vie qui lui ait été agréable, et voici comment j'en fus récompensée. Quatre jours après, ou du moins à peu de jours, on me dit qu'on avait arrêté ma place dans un couvent ; et dès le lende-

...
– On peut facilement remplacer les propositions relatives (introduites par qui, que...) par un adjectif ou un adverbe. Une virgule remplace aisément le verbe être.
– Ne comptez les mots qu'à la fin. Vous devez réduire l'ensemble du texte au quart. Certaines phrases capitales devront figurer presque telles quelles, après adaptation, alors que certains paragraphes se résumeront en quelques mots.
– Si votre résumé est trop court, c'est que vous avez oublié quelque chose d'essentiel. S'il est trop long, il suffit de retravailler votre texte, en élaguant et simplifiant les structures grammaticales par exemple.

*main, j'y fus conduite. J'étais si mal à la maison, que cet événement ne m'affligea point ; et j'allai à Sainte-Marie, c'est mon premier couvent, avec beaucoup de gaieté. Cependant l'amant de ma sœur, ne me voyant plus, m'oublia et devint son époux. Il s'appelle M. K*** ; il est notaire, et demeure à Corbeil, où il fait un assez mauvais ménage. Ma seconde sœur fut accordée à un M. Bauchon, marchand de soieries à Paris, rue Quincampoix, et vit bien avec lui.*

Mes deux sœurs établies, je crus qu'on penserait à moi, et que je ne tarderais plus à sortir du couvent. J'avais alors seize ans et demi. On avait fait des dots considérables à mes sœurs ; je me promettais un sort égal au leur, et ma tête s'était remplie de projets séduisants, lorsqu'on me fit demander au parloir. C'était le père Séraphin, directeur de ma mère ; il avait été aussi le mien, ainsi il n'eut pas d'embarras à m'expliquer le motif de sa visite : il s'agissait de m'engager à prendre l'habit. Je me récriai sur cette étrange proposition ; et je lui déclarai nettement que je ne me sentais aucun goût pour l'état religieux. « Tant pis, me dit-il, car vos parents se sont dépouillés pour vos sœurs, et je ne vois plus ce qu'ils pourraient pour vous dans la situation étroite où ils se sont réduits. »

Diderot, *La Religieuse*

LA

RELIGIEUSE.

PAR DIDEROT.

A PARIS,

Chez BUISSON, Imprimeur-Libraire, rue Haute-Feuille, n°. 20.

AN CINQUIÈME DE LA RÉPUBLIQUE.

Diderot, La Religieuse, *page de titre, première édition française, 1796.*

La religion est présentée comme un garant de l'ordre familial, un autre carcan qui empêche la femme d'accéder à la pleine disposition et à la responsabilité d'elle-même. Placer une jeune femme dans un couvent, c'est la faire passer d'une autorité paternelle et familiale à une autorité institutionnelle, sous couvert de religion.

Cet enfermement de femmes entre elles, contre nature, produit des monstres. On a donc trois portraits de femmes perverties par ce milieu antinaturel (il ne prend pas en compte les besoins du corps) et antisocial : la mystique, la sadique et la lesbienne. Ce roman de Diderot est le seul où le thème du saphisme est traité d'un point de vue clinique et psychologique, et non dans une perspective pornographique, sans renoncer, il est vrai, à des scènes nettement érotiques.

Abbé Prévost, La Véritable Histoire du chevalier Des Grieux et de Manon Lescaut, *édition de 1753.*

B. Manon Lescaut, la prostituée

La famille de Manon l'envoie à Amiens au couvent pour arrêter son « penchant au plaisir ». Elle s'enfuit avec Des Grieux, puis le trompe avec un financier pour se procurer de l'argent. Enfin elle le livre à sa famille. Le nom de Manon Lescaut n'est que la transcription de celui de l'héroïne de Defoe, Moll Flanders, prostituée scandaleuse et femme honorée. Voici la lettre que Manon laisse à Des Grieux avant de partir :

> « Je te jure, mon cher Chevalier, que tu es l'idole de mon cœur, et qu'il n'y a que toi au monde que je puisse aimer de la façon dont je t'aime ; mais ne vois-tu pas, ma pauvre chère âme, que, dans l'état où nous sommes réduits, c'est une sotte vertu que la fidélité ? Crois-tu qu'on puisse être bien tendre lorsqu'on manque de pain ? La faim me causerait quelque méprise fatale ; je rendrais quelque jour le dernier soupir, en croyant en pousser un d'amour. Je t'adore, compte là-dessus ; mais laisse-moi, pour quelque temps, le ménagement de notre fortune. Malheur à qui va tomber dans mes filets ! Je travaille pour rendre mon Chevalier riche et heureux. Mon frère t'apprendra des nouvelles de ta Manon, et qu'elle a pleuré de la nécessité de te quitter. »

Abbé Prévost, *Manon Lescaut,* 1731

Jean Goldzink commente cette lettre dans ces termes :

> « C'est le message spontané d'une "fille" : séparation du cœur et du corps, du "travail" et du plaisir [...]. La lettre de Manon inscrit la sphère du corps, du besoin, de l'argent (de sa circulation), de la réalité vulgaire, acceptée comme la règle du jeu social. »

Méthode
La question d'ensemble à l'oral

Le plan s'apparente à celui d'une dissertation :

1. Une introduction qui présente le sujet, définit un enjeu et propose un plan.

2. Une réorganisation des différents textes. Éventuellement, notez pendant l'année, au gré de vos lectures une ou deux références hors liste dont vous enrichirez ce plan : cela soulignera votre souci d'approfondir la question.

3. Une conclusion qui repose la problématique initiale. Il est préférable de ne pas proposer une solution : une problématique par définition n'en a pas.

2. Les défaites de la femme mûre

A. Mme de La Pommeraye ou l'échec d'une vengeance

La façon dont elle cède, contre sa vertu, au marquis des Arcis n'est pas sans rappeler comment la présidente de Tourvel succombe aux assauts répétés du vicomte de Valmont dans *Les Liaisons dangereuses* (1782).

Elle jouissait de la plus haute considération dans le monde, par la pureté de ses mœurs : et elle s'était rabaissée sur la ligne commune. On dit d'elle, lorsqu'elle eut agréé l'hommage du marquis des Arcis : Enfin cette merveilleuse Mme de La Pommeraye s'est donc faite comme une d'entre nous... Elle avait remarqué autour d'elle les sourires ironiques ; elle avait entendu les plaisanteries, et souvent elle en avait rougi et baissé les yeux ; elle avait avalé tout le calice de l'amertume préparé aux femmes dont la conduite réglée a fait trop longtemps la satire des mauvaises mœurs de celles qui les entourent ; elle avait supporté tout l'éclat scandaleux par lequel on se venge des [imprudentes] bégueules qui affichent de l'honnêteté. Elle était vaine ; et elle serait morte de douleur plutôt que de promener dans le monde, après la honte de la vertu abandonnée, le ridicule d'une délaissée. Elle touchait au moment où la perte d'un amant ne se répare plus.

Diderot, *Jacques le Fataliste*,
Folio, page 199

La stratégie de vengeance de Mme de La Pommeraye la fait plutôt ressembler à Mme de Merteuil dans *Les Liaisons dangereuses*.

Diderot, Jacques le Fataliste, *gravure d'après un dessin de Maurice Lenoir, édition Chamerot, 1884.*

B. La marquise de Merteuil

Elle est la voix féminine qui dit non à la condition qui est faite à la femme par les hommes et la société. Cette voix, celle d'un visage défiguré par la petite vérole, sera étouffée dans le retournement final du roman.

« Mais de prétendre que je me sois donné tant de soins pour n'en pas retirer de fruits ; qu'après m'être autant élevée au-dessus des autres femmes par mes travaux pénibles, je consente à ramper comme elles dans ma marche, entre l'imprudence et la timidité ; que surtout je pusse redouter un homme au point de ne plus voir mon salut que dans la fuite ? Non, Vicomte ; jamais. Il faut vaincre ou périr. Quant à Prévan, je veux l'avoir et je l'aurai ; il veut le dire, et il ne le dira pas : en deux mots, voilà notre Roman. Adieu. »

Choderlos de Laclos, *Les Liaisons dangereuses*, Lettre LXXXI, 1782

« Le jeu libertin devient une quête tragique de la primauté qui engage tout l'être, un conflit des consciences avides de reconnaissance, qui enveloppe, obliquement, un conflit des sexes. »

J. Goldzink

Ces exemples de destinées féminines connaîtront une évolution contradictoire :

– Dans la violence, et l'instrumentalisation de la femme avec les *Cent Vingt Journées de Sodome* (rédigées en 1785, à la Bastille, publiées en 1904) du marquis de Sade, où les femmes sont traitées comme des objets et de purs instruments au service du plaisir des hommes.

– L'autre aboutissement du traitement idéologique de la femme par les récits est l'émergence de ce qui n'est pas encore un certain discours « féministe » mais le préfigure (Laclos, *Discours sur l'éducation des femmes*, 1784).

Abbé Prévost, La Véritable Histoire du chevalier Des Grieux et de Manon Lescaut, *édition de 1753.*

Le rapport maître-serviteur en littérature

Le couple maître-valet est propre surtout au genre théâtral. Il représente une situation sociale de la France de l'Ancien Régime, mais on ne saurait, sans grave contresens, l'étudier uniquement comme un phénomène historique. En effet, ces deux personnages sont aussi des rôles définis et codés du répertoire. On analysera les rapports maître-valet dans quelques textes significatifs qui les présentent de façon assez traditionnelle, tout en dépassant et en détournant la tradition et le code, pour faire de cette relation un enjeu plus complexe sur le plan psychologique, social et idéologique.

DOM JUAN ET SGANARELLE

« SGANARELLE. Vertu de ma vie, comme vous débitez ! Il semble que vous avez appris cela par cœur, et vous parlez tout comme un livre.

DOM JUAN. Qu'as-tu à dire là-dessus ?

SGANARELLE. Ma foi, j'ai à dire..., je ne sais ; car vous tournez les choses d'une manière qu'il semble que vous avez raison ; et cependant il est vrai que vous ne l'avez pas. J'avais les plus belles pensées du monde, et vos discours m'ont brouillé tout cela. Laissez faire : une autre fois je mettrai mes raisonnements par écrit, pour disputer avec vous.

DOM JUAN. Tu feras bien.

SGANARELLE. Mais, Monsieur, cela serait-il de la permission que vous m'avez donnée, si je vous disais que je suis tant soit peu scandalisé de la vie que vous menez ?

DOM JUAN. Comment ? quelle vie est-ce que je mène ?

SGANARELLE. Fort bonne. Mais, par exemple, de vous voir tous les mois vous marier comme vous faites...

DOM JUAN. Y a-t-il rien de plus agréable ?

SGANARELLE. Il est vrai, je conçois que cela est fort agréable et fort divertissant, et je m'en accommoderais assez, moi, s'il n'y avait point de mal, mais, Monsieur, se jouer ainsi d'un mystère sacré, et...

DOM JUAN. Va, va, c'est une affaire entre le Ciel et moi, et nous la démêlerons bien ensemble, sans que tu t'en mettes en peine.

SGANARELLE. Ma foi ! Monsieur j'ai toujours ouï dire que c'est une méchante raillerie que de se railler du Ciel, et que les libertins ne font jamais une bonne fin.

DOM JUAN. Holà ! maître sot, vous savez que je vous ai dit que je n'aime pas les faiseurs de remontrances.

SGANARELLE. Je ne parle pas aussi à vous, Dieu

m'en garde. Vous savez ce que vous faites, vous ; et si vous ne croyez rien, vous avez vos raisons ; mais il y a de certains petits impertinents dans le monde, qui sont libertins sans savoir pourquoi, qui font les esprits forts, parce qu'ils croient que cela leur sied bien ; et si j'avais un maître comme cela, je lui dirais fort nettement, le regardant en face : " Osez-vous bien ainsi vous jouer du Ciel, et ne tremblez-vous point de vous moquer comme vous faites des choses les plus saintes ? C'est bien à vous, petit ver de terre, petit mirmidon que vous êtes (je parle au maître que j'ai dit), c'est bien à vous à vouloir vous mêler de tourner en raillerie ce que tous les hommes révèrent ? Pensez-vous que pour être de qualité, pour avoir une perruque blonde et bien frisée, des plumes à votre chapeau, un habit bien doré, et des rubans couleur de feu (ce n'est pas à vous que je parle, c'est à l'autre), pensez-vous, dis-je, que vous en soyez plus habile homme, que tout vous soit permis, et qu'on n'ose vous dire vos vérités ? Apprenez de moi, qui suis votre valet, que le Ciel punit tôt ou tard les impies, qu'une méchante vie amène une méchante mort, et que… "

DOM JUAN. Paix ! »

Molière, *Dom Juan*, acte I, scène 2, 1665

Molière, Dom Juan, *gravure de Ledoux, 1665.*

Sganarelle est le valet de Dom Juan, mais aussi son bouffon. Il permet à Molière d'éviter le procédé du monologue en faisant de Sganarelle un personnage qui écoute sans entendre et sans comprendre. Il sert à son maître de « miroir-vérité ». Dans ce passage, on note l'admiration du valet pour son maître, Dom Juan exerçant un véritable pouvoir de fascination. De plus, Dom Juan semble accomplir par procuration ce que Sganarelle ne peut faire à cause de sa peur et de ses scrupules moraux ou moralisateurs. Le valet est lâche et ne peut faire des critiques à son maître que dans une fiction où il s'adresse à un autre. Il sert de faire-valoir et dresse le portrait de Dom Juan, permettant à Molière le procédé factice de l'autoportrait. Les rapports du valet et de son maître peuvent être des rapports de complicité, mais ils restent des rapports de force puisque Dom Juan menace Sganarelle de « demander un nerf de bœuf, [le] faire tenir par trois ou quatre, et [le] rouer de mille coups. » (Acte IV, scène 1) et des rapports de dépendance : l'oraison funèbre de Dom Juan sera brièvement prononcée par Sganarelle : « Mes gages ! mes gages ! mes gages ! » (Acte V, scène 6)

L'EXEMPLE DE *LA FAUSSE SUIVANTE* DE MARIVAUX

Molière, Dom Juan, *gravure de Boucher, 1665.*

Cette pièce de 1724 met en scène une femme noble qui se travestit en chevalier, pour percer à jour les intentions de Lélio qu'elle doit épouser. Trivelin, un valet, découvre son secret, à cause d'une indiscrétion de Frontin. Elle ne lui avoue qu'une partie de la vérité se faisant passer pour la suivante d'une dame de condition qui compte épouser Lélio. Trivelin tombe amoureux de cette fausse suivante. Lélio, qui a quelques soupçons, l'engage à révéler ce qu'il sait de l'identité du chevalier.

> « LÉLIO, *le prenant par le bouton.* Puisque tu m'y forces, ne perds rien de ce que je vais te dire. Je te ferai périr sous le bâton si tu me joues davantage ; m'entends-tu ?
>
> TRIVELIN. Vous êtes clair.
>
> LÉLIO. Ne m'irrite point ; j'ai dans cette affaire-ci un intérêt de la dernière conséquence ; il y va de ma fortune ; et tu parleras, ou je te tue.
>
> TRIVELIN. Vous me tuerez si je lui parle ? Hélas ! Monsieur, si les babillards ne mouraient point, je serais éternel, ou personne ne le serait.
>
> LÉLIO. Parle donc.
>
> TRIVELIN. Donnez-moi un sujet ; quelque petit qu'il soit, je m'en contente, et j'entre en matière.
>
> LÉLIO, *tirant son épée.* Ah ! tu ne veux pas ! Voici qui te rendra plus docile.
>
> TRIVELIN, *faisant l'effrayé.* Fi donc ! Savez-vous bien que vous me feriez peur, sans votre physionomie d'honnête homme ?
>
> LÉLIO, *le regardant.* Coquin que tu es !
>
> TRIVELIN. C'est mon habit qui est un coquin ; pour

moi, je suis un brave homme, mais avec cet équipage-là, on a de la probité en pure perte ; cela ne fait ni honneur ni profit.

LÉLIO, *remettant son épée.* Va, je tâcherai de me passer de l'aveu que je te demandais ; mais je te trouverai, et tu me répondras de ce qui m'arrivera de fâcheux.

TRIVELIN. En quelque endroit que nous nous rencontrions, Monsieur, je sais ôter mon chapeau de bonne grâce, je vous en garantis la preuve, et vous serez content de moi.

LÉLIO, *en colère.* Retire-toi.

TRIVELIN, *s'en allant.* Il y a une heure que je vous l'ai proposé. »

Marivaux, *La Fausse Suivante*, Acte III, scène 2, 1724

Cette fin de scène illustre l'exacerbation du conflit et du rapport de force. La violence se traduit physiquement, puisque Lélio empoigne Trivelin ; elle va même jusqu'à la menace de mort (« Je te ferai périr sous le bâton […] tu parleras, ou je te tue. »). La remarque de Trivelin sur la différence entre lui et son habit contient une très forte charge polémique de critique et de revendication sociale. L'antagonisme est de plus en plus idéologique et il est de moins en moins stylisé sur la scène (voir la tirade « biographique » de Trivelin à l'acte I, scène 1).

Portrait de Marivaux, gravure de Pouguin de Saint-Aubin.

FIGARO-CI, FIGARO-LÀ

Dans *Le Mariage de Figaro*, reçu à la Comédie-Française en septembre 1781, mais retiré de l'affiche pour triompher en 1784, le conflit principal, celui du maître et du valet, ne peut souvent se montrer que de biais. Figaro est « valet de chambre » du comte Almaviva, grand corregidor d'Andalousie, et « concierge » (nous dirions intendant) du château ; il doit épouser Suzanne, mais le comte entend exercer sur elle un droit de seigneur auquel il a pourtant officiellement renoncé. Suzanne feint d'accorder un rendez-vous au comte, c'est la comtesse qui s'y rendra, sous les habits de Suzanne. Figaro, tenu dans l'ignorance, se croit trompé et dresse un bilan amer de son existence.

> « Non, monsieur le Comte, vous ne l'aurez pas... vous ne l'aurez pas. Parce que vous êtes un grand seigneur, vous vous croyez un grand génie !... Noblesse, fortune, un rang, des places, tout cela rend si fier ! Qu'avez-vous fait pour tant de biens ? Vous vous êtes donné la peine de naître, et rien de plus. Du reste, homme assez ordinaire ; tandis que moi, morbleu ! perdu dans la foule obscure, il m'a fallu déployer plus de science et de calculs, pour subsister seulement, qu'on n'en a mis depuis cent ans à gouverner toutes les Espagnes : et vous voulez jouter... On vient... c'est elle... ce n'est personne. – La nuit est noire en diable, et me voilà faisant le sot métier de mari, quoique je ne le sois qu'à moitié ! *(Il s'assied sur un banc.)* [...] Forcé de parcourir la route où je suis entré sans le savoir, comme j'en sortirai sans le vouloir, je l'ai jonchée d'autant de fleurs que ma gaieté me l'a permis : encore je dis ma gaieté sans savoir si elle est à moi plus que le reste, ni même quel est ce *moi* dont je m'occupe : un assemblage informe de parties inconnues ; puis un chétif être imbécile ; un petit animal folâtre ; un jeune homme ardent au plaisir, ayant tous les goûts pour jouir, faisant tous les métiers pour vivre ; maître ici, valet là, selon qu'il plaît à la fortune ; ambitieux par vanité, laborieux par nécessité, mais paresseux... avec délices ! orateur selon le danger ; poète par délassement ; musicien par occasion ; amoureux par folles bouffées ; j'ai tout vu, tout fait, tout usé ! »

Beaumarchais, *Le Mariage de Figaro*,
Acte V, scène 3, 1781

Berthe Cerny (Suzanne), Marie Leconte (Chérubin) et Jacques Fenoux (le comte Almaviva) dans Le Mariage de Figaro, *Beaumarchais.*

Facilement puisque rétrospectivement, on a voulu faire de ce fameux monologue un texte révolutionnaire. Il est vrai que, si en 1784 tout finissait encore par des chansons, en 1792 tout finit par des canons. Figaro conteste la légitimité du privilège de la naissance, sur lequel repose tout l'édifice social de l'Ancien Régime.

Pour une fois, un valet ose établir entre son maître et lui une comparaison objective, fondée sur le mérite et les qualités personnels, loin des rapports de pouvoir et de dépendance. La distinction entre le maître et le valet n'est fondée ni en raison ni en nature, puisque c'est le sort qui en décide et qu'il peut toujours en décider autrement : « maître ici, valet là, selon qu'il plaît à la fortune… »

Portrait de Beaumarchais, lithographie de Delpech.

JACQUES MÈNE SON MAÎTRE

Jacques et son maître sont présentés au départ comme deux amis : ils semblent être sur un pied d'égalité et le rapport hiérarchique est effacé. Mais ce rapport peut être réaffirmé avec force par le maître et vigoureusement contesté par le valet. Survient alors la dispute où le maître veut remettre Jacques à sa juste place : ce sont désormais deux adversaires qui s'affrontent.

JACQUES. Un Jacques ! Un Jacques, monsieur, est un homme comme les autres.

LE MAÎTRE. Jacques, tu te trompes, un Jacques n'est point un homme comme un autre.

JACQUES. C'est quelquefois mieux qu'un autre.

LE MAÎTRE. Jacques, vous vous oubliez. Reprenez l'histoire de vos amours, et souvenez-vous que vous n'êtes et que vous ne serez jamais qu'un Jacques.

JACQUES. Si, dans la chaumière où nous trouvâmes les coquins, Jacques n'avait pas valu un peu mieux que son maître…

LE MAÎTRE. Jacques vous n'êtes qu'un insolent : vous abusez de ma bonté. Si j'ai fait la sottise de vous tirer de votre place, je saurai bien vous y remettre. Jacques, prenez votre bouteille et votre coquemar, et descendez là-bas.

JACQUES. Cela vous plaît à dire, monsieur ; je me trouve bien ici, et je ne descendrai pas là-bas.

LE MAÎTRE. Je te dis que tu descendras.

JACQUES. Je suis sûr que vous ne dites pas vrai. Comment, monsieur, après m'avoir accoutumé pendant dix ans à vivre de pair à compagnon...

LE MAÎTRE. Il me plaît que cela cesse.

JACQUES. Après avoir souffert toutes mes impertinences…

LE MAÎTRE. Je n'en veux plus souffrir.

JACQUES. Après m'avoir fait asseoir à table à côté de vous, m'avoir appelé votre ami…

LE MAÎTRE. Vous ne savez pas ce que c'est que le nom d'ami donné par un supérieur à son subalterne.

JACQUES. Quand on sait que tous vos ordres ne sont que des clous à soufflet, s'ils n'ont été ratifiés par Jacques ; après avoir si bien accolé votre nom au mien, que l'un ne va jamais sans l'autre, et que tout le monde dit Jacques et son maître ; tout à coup il vous plaira de les séparer ! Non, monsieur, cela ne sera pas. Il est écrit là-haut que tant que Jacques vivra, que tant que son maître vivra et même après qu'ils seront morts tous deux, on dira Jacques et son maître.

LE MAÎTRE. Et je dis, Jacques, que vous descendrez, et que vous descendrez sur-le-champ, parce que je vous l'ordonne.

JACQUES. Monsieur, commandez-moi toute autre chose, si vous voulez que je vous obéisse.

Diderot, *Jacques le Fataliste*,
Folio, pages 207-208

Diderot, Jacques le Fataliste, *aquarelle de Raoul Serres, 1928.*

Rappelons que dans la langue du XVIIIe siècle, Jacques n'est pas seulement un prénom, c'est aussi un nom commun : un Jacques est un paysan, une révolte de paysans est une jacquerie. Finalement, le maître et Jacques reconnaissent entre eux des rapports de complémentarité ; ils forment un couple indissociable. On ne sait si leurs rapports sont une suite circulaire de disputes et de réconciliations ou s'ils tendent vers une véritable remise en cause de la hiérarchie.

Lecture complémentaire, point de vue panoramique

Milan Kundera propose un parcours de l'évolution des rapports maître-serviteur dans la littérature européenne, du XVIIe au XXe siècle :

« Avec comme domestique un paysan illettré, Don Quichotte est sorti un jour de sa maison pour combattre ses ennemis. Cent cinquante ans plus tard, Tobie Shandy […] [évoquait ses souvenirs de guerre avec] son valet Trim. Celui-ci boitait tout à fait comme Jacques qui, dix ans plus tard, a diverti son maître pendant son voyage. Il était aussi bavard et têtu que, cent cinquante ans plus tard, dans l'armée austro-hongroise, l'ordonnance Joseph Chveïk qui a amusé et horrifié son maître, le lieutenant Lukac. Trente ans après, en attendant Godot, Vladimir et son domestique se trouvent déjà seuls sur la scène vide du monde. Le voyage est terminé. »

Diderot, Jacques le Fataliste, *gravure d'après un dessin de Maurice Lenoir, édition Chamerot, 1884.*

Contre la religion

Au siècle des Lumières, on ne peut penser Dieu sans la nature. Il ne suffit pas pour un athée de nier Dieu, encore faut-il élaborer une théorie matérialiste de la nature. Les matérialistes du XVIIIe siècle, nourris par la lecture des penseurs de l'Antiquité et de la Renaissance et celle des libertins érudits poussent à leur extrême les implications de la philosophie des Lumières (rationalisme scientifique, sensualisme, hédonisme, anticléricalisme). Parmi eux, on peut citer Helvétius, d'Holbach et Diderot, dont le *Rêve de d'Alembert*, rédigé en 1769, reste clandestin jusqu'au XIXe siècle.

APPROCHES THÉORIQUES

A. Diderot et l'intolérance, rhétorique de la dénonciation

INTOLÉRANCE, s. f. (Morale). Il est impie d'exposer la religion aux imputations odieuses de tyrannie, de dureté, d'injustice, d'insociabilité, même dans le dessein d'y ramener ceux qui s'en seraient malheureusement écartés.

L'esprit ne peut acquiescer qu'à ce qui lui paraît vrai; le cœur ne peut aimer que ce qui lui semble bon. La violence fera de l'homme un hypocrite, s'il est faible ; un martyr, s'il est courageux. Faible et courageux, il sentira l'injustice de la persécution et s'en indignera.

L'instruction, la persuasion et la prière, voilà les seuls moyens légitimes d'étendre la religion.

Le Déjeûner des philosophes, *gravure anonyme, fin XVIIIe siècle.*

Tout moyen qui excite la haine, l'indignation et le mépris, est impie.

Tout moyen qui réveille les passions et qui tient à des vues intéressées, est impie.

Tout moyen qui relâche les liens naturels et éloigne les pères des enfants, les frères des frères, les sœurs des sœurs, est impie.

Tout moyen qui tendrait à soulever les hommes, à armer les nations et tremper la terre de sang, est impie.

Il est impie de vouloir imposer des lois à la conscience, règle universelle des actions. Il faut l'éclairer et non la contraindre.

Les hommes qui se trompent de bonne foi sont à plaindre, jamais à punir.

Il ne faut tourmenter ni les hommes de bonne foi ni les hommes de mauvaise foi, mais en abandonner le jugement à Dieu.

Si l'on rompt le lien avec celui qu'on appelle impie, on rompra le lien avec celui qu'on appellera avare, impudique, ambitieux, colère, vicieux. On conseillera une rupture aux autres, et trois ou quatre intolérants suffiront pour déchirer toute la société.

Si l'on peut arracher un cheveu à celui qui pense autrement que nous, on pourra disposer de sa tête, parce qu'il n'y a point de limites à l'injustice. Ce sera ou l'intérêt, ou le fanatisme, ou le moment, ou la circonstance qui décidera du plus ou du moins de mal qu'on se permettra.

Si un prince infidèle demandait aux missionnaires d'une religion intolérante comment elle en use avec ceux qui n'y croient point, il faudrait ou qu'ils avouassent une chose odieuse, ou qu'ils mentissent, ou qu'ils gardassent un honteux silence.

Qu'est-ce que le Christ a recommandé à ses disciples en les envoyant chez les nations ? Est-ce de tuer ou de mourir ? Est-ce de persécuter ou de souffrir ?

Saint Paul écrivait aux Thessaloniciens : « Si quelqu'un vient vous annoncer un autre Christ, vous proposer un autre esprit, vous prêcher un autre évangile, vous les souffrirez. » Intolérants, est-ce ainsi que vous en usez même avec celui qui n'annonce rien, ne propose rien, ne prêche rien ?

Il écrivait encore : ne traitez point en ennemi celui qui n'a pas les mêmes sentiments que vous, mais avertissez-le en frère. Intolérants, est-ce là ce que vous faites ?

Diderot, *Encyclopédie*, article Intolérance

B. Voltaire et les abbés

« Où *allez-vous, monsieur l'abbé ?* etc. Savez-vous bien qu'abbé signifie père ? Si vous le devenez, vous rendez service à l'État ; vous faites la meilleure œuvre sans doute que puisse faire un homme ; il naîtra de vous un être pensant. Il y a dans cette action quelque chose de divin.

Mais si vous n'êtes monsieur l'abbé que pour avoir été tonsuré, pour porter un petit collet et un manteau court, et pour attendre un bénéfice simple, vous ne méritez pas le nom d'abbé.

Les anciens moines donnèrent ce nom au supérieur qu'ils élisaient. L'abbé était leur père spirituel. Que les mêmes noms signifient avec le temps des choses différentes ! L'abbé spirituel était un pauvre à la tête de plusieurs autres pauvres : mais les pauvres pères spirituels ont eu depuis deux cents, quatre cent mille livres de rente ; et il y a aujourd'hui des pauvres pères spirituels en Allemagne qui ont un régiment des gardes.

Un pauvre qui a fait serment d'être pauvre, et qui en conséquence est souverain ! on l'a déjà dit ; il faut le redire mille fois, cela est intolérable. Les lois réclament contre cet abus, la religion s'en indigne, et les véritables pauvres sans vêtement et sans nourriture poussent des cris au ciel à la porte de monsieur l'abbé.

Mais j'entends messieurs les abbés d'Italie, d'Allemagne, de Flandre, de Bourgogne, qui disent : “Pourquoi n'accumulerons-nous pas des biens et des honneurs ? pourquoi ne serons-nous

Portrait de Voltaire, dessin de Denon, 1775.

pas princes ? les évêques le sont bien. Ils étaient originairement pauvres comme nous, ils se sont enrichis, ils se sont élevés ; l'un d'eux est devenu supérieur aux rois ; laissez-nous les imiter autant que nous pourrons."

Vous avez raison, messieurs, envahissez la terre ; elle appartient au fort ou à l'habile qui s'en empare ; vous avez profité des temps d'ignorance, de superstition, de démence, pour nous dépouiller de nos héritages et pour nous fouler à vos pieds, pour vous engraisser de la substance des malheureux : tremblez que le jour de la raison n'arrive. »

Voltaire, *Dictionnaire philosophique portatif*, article Abbé

Portrait de Voltaire, 1790 coll. de M. le Baron de Berocingen.

Ces deux textes de Diderot et Voltaire comportent des invectives contre l'ennemi. Voltaire accable de mépris et de morgue les représentants de l'Église qu'il voulait écraser : d'où le néologisme codé *Écrelinf* pour « Écrasez l'Infâme », slogan qu'il invente en 1762, l'année où commence l'affaire Calas. On note la puissance de la frappe polémique chez Voltaire, fondée sur le procédé systématisé de l'ironie. C'est aussi un texte de provocation où Voltaire conseille aux abbés de procréer, en jouant sur les différents sens du mot « père », s'en prenant ainsi au premier principe de la prêtrise, la chasteté. Le dernier paragraphe, bouclé entre la locution figée « avoir raison » et « la raison », la vraie, celle des Lumières qui mériterait une majuscule, a un ton prophétique et menaçant.

Diderot s'en prend aux intolérants sur le mode de la diatribe, son écriture se veut plus argumentative (citations de saint Paul) et plus persuasive, comme le montre l'importance des maximes comportant des verbes d'obligation au début. Diderot ou la verve, Voltaire ou la morgue. Dans les deux cas, la bataille est sanglante.

Voltaire, Dictionnaire philosophique portatif, *page de titre, 1765.*

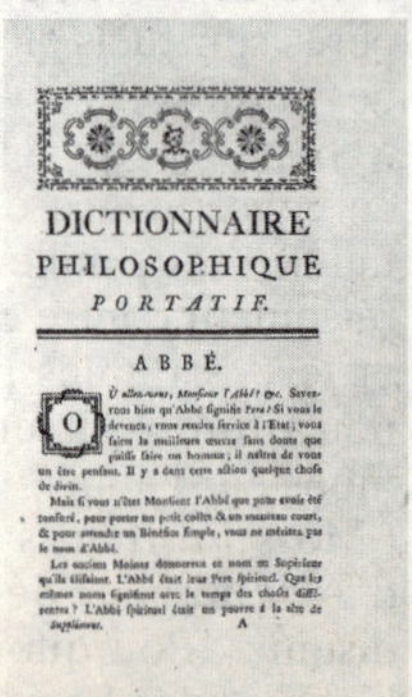

DICTIONNAIRE
PHILOSOPHIQUE
PORTATIF.

ABBÉ.

O*Ù allez-vous, Monsieur l'Abbé ?* &c. Savez-vous bien qu'Abbé signifie *Pere ?* Si vous le devenez, vous rendez service à l'État ; vous faites la meilleure œuvre sans doute que puisse faire un homme ; il naîtra de vous un être pensant. Il y a dans cette action quelque chose de divin.

Mais si vous n'êtes Monsieur l'Abbé que pour avoir été tonsuré, pour porter un petit collet & un manteau court, & pour attendre un Bénéfice simple, vous ne méritez pas le nom d'Abbé.

Les anciens Moines donnerent ce nom au Supérieur qu'ils élisaient. L'Abbé était leur Pere spirituel. Que les mêmes noms signifient avec le temps des choses différentes ? L'Abbé spirituel était un pauvre à la tête de

Supplément. A

La mise en fiction de l'idéologie

A. Diderot, anticléricalisme ou anti-christianisme ?

Diderot est-il seulement un auteur anticlérical, s'en prenant à une institution, l'Église, et à ses représentants, les moines et les religieuses, ou est-il franchement anti-chrétien ? En d'autres termes, s'en prend-il uniquement à la mise en pratique et aux conséquences d'un dogme, ou à ce dogme lui-même et aux valeurs qui le sous-tendent ? On peut apporter des éléments de réponse à cette question en mettant deux de ses textes romanesques en parallèle :

L'histoire du père Ange

JACQUES. En conséquence de cette calomnie ou médisance du portier, on se crut autorisé à faire mille diableries, mille méchancetés à ce pauvre Père Ange dont la tête parut se déranger. Alors on appela un médecin qu'on corrompit et qui attesta que ce religieux était fou et qu'il avait besoin de respirer l'air natal. S'il n'eût été question que d'éloigner ou d'enfermer le Père Ange, c'eût été une affaire bientôt faite; mais parmi les dévotes dont il était la coqueluche, il y avait de grandes dames à ménager. On leur parlait de leur directeur avec une commisération hypocrite : « Hélas ! ce pauvre Père [Ange], c'est bien dommage ! c'était l'aigle de notre communauté. – Qu'est-ce qui lui est donc arrivé ? » À cette question on ne répondait qu'en poussant un profond soupir et en levant les yeux au ciel; si l'on insistait, on baissait la tête et l'on se taisait. À cette singerie l'on ajoutait quelquefois : « O Dieu ! qu'est-ce de nous !... Il a encore des moments surprenants... des éclairs de génie... Cela reviendra peut-être, mais il y a peu d'espoir... Quelle perte pour la religion !... » Cependant les mauvais procédés redoublaient; il n'y avait rien qu'on ne tentât pour amener le Père Ange au point où on le disait; et on y aurait réussi si frère Jean ne l'eût pris en pitié. Que vous dirai-je de plus ? Un soir que nous étions tous endormis, nous entendîmes frapper à notre porte : nous nous levons; nous ouvrons au Père Ange et à mon frère déguisés. Ils passèrent le jour suivant dans la maison; le lendemain, dès l'aube du jour, ils décampèrent. Ils s'en allaient les mains bien garnies; car Jean, en m'embrassant, me dit : « J'ai marié tes sœurs; si j'étais resté dans le couvent, deux ans de plus, ce que j'y étais, tu serais un des gros fermiers du canton; mais tout a changé, et voilà ce que je puis faire pour toi. Adieu, Jacques, si nous avons

Caricature de Jouvenet sur l'anéantissement de la société des Jésuites, 1792.

du bonheur, le Père et moi, tu t'en ressentiras... » puis il me lâcha dans la main les cinq louis dont je vous ai parlé, avec cinq autres pour la dernière des filles du village, qu'il avait mariée et qui venait d'accoucher d'un gros garçon qui ressemblait à frère Jean comme deux gouttes d'eau.

Diderot, *Jacques le Fataliste*
Folio, pages 79-81

L'histoire de Suzanne Simonin

Voilà l'effet de la retraite. L'homme est né pour la société. Séparez-le, isolez-le, ses idées se désuniront, son caractère se tournera, mille affections ridicules s'élèveront dans son cœur, des pensées extravagantes germeront dans son esprit, comme les ronces dans une terre sauvage. Placez un homme dans une forêt, il y deviendra féroce ; dans un cloître, où l'idée de nécessité se joint à celle de servitude, c'est pis encore : on sort d'une forêt, on ne sort plus d'un cloître ; on est libre dans la forêt, on est esclave dans le cloître. Il faut peut-être plus de force d'âme encore pour résister à la solitude qu'à la misère ; la misère avilit, la retraite déprave. Vaut-il mieux vivre dans l'abjection que dans la folie ?

Diderot, *La Religieuse, 1760*
Folio, page 196

Diderot, La Religieuse, *gravure de Giraud le Jeune.*

Pour Diderot, l'homme est d'abord ce que le fait son corps. Un individu qui se sépare des autres choisit de se dépraver et consent à se détruire. C'est à partir de cette certitude à la fois sentimentale et dogmatique que s'explique la grande colère de Diderot contre les couvents. Car l'individu enfermé dans un cloître est exilé dans un monde contrenature, où ses qualités et aptitudes se changent en leur contraire. La critique dans *La Religieuse* ne porte donc pas seulement sur un certain ordre social et politique. En tant qu'œuvre visionnaire, le roman est une protestation contre une certaine conception de l'homme, qui sert de fondement au christianisme. L'erreur de la religion est d'avoir méconnu la nature sociable de l'homme, d'avoir forgé le mythe du salut individuel. Diderot reproche au christianisme ce contresens sur la nature de l'homme.

Les moyens mis en œuvre dans les deux textes sont différents, si bien que les deux récits n'ont pas exactement la même portée. L'histoire du père Ange est un récit satirique, construit pour amuser, comme le montre la pointe finale de la relative qui clôt le paragraphe. Diderot est ici plutôt du côté d'un anticléricalisme assez traditionnel à cette époque. L'argumentation passionnée et la fiction pathétique de *La Religieuse* ont une force polémique et critique beaucoup plus violente.

Voltaire, La Pucelle, *illustration de Moreau le Jeune .*

B. Voltaire, grand inquisiteur de l'Inquisition

« Après le tremblement de terre qui avait détruit les trois quarts de Lisbonne, les sages du pays n'avaient pas trouvé un moyen plus efficace pour prévenir une ruine totale que de donner au peuple un bel auto-dafé ; il était décidé par l'université de Coïmbre que le spectacle de quelques personnes brûlées à petit feu, en grande cérémonie, est un secret infaillible pour empêcher la terre de trembler.

On avait en conséquence saisi un Biscayen convaincu d'avoir épousé sa commère, et deux Portugais qui en mangeant un poulet en avaient arraché le lard : on vint lier après le dîner le docteur Pangloss et son disciple Candide, l'un pour avoir parlé, et l'autre pour avoir écouté avec un air d'approbation : tous deux furent menés séparément dans des appartements d'une extrême fraîcheur, dans lesquels on n'était jamais incommodé du soleil ; huit jours après ils furent tous deux revêtus d'un *san-benito,* et on orna leurs têtes de mitres de papier : la mitre et le san-benito de Candide étaient peints de flammes renversées et de diables qui n'avaient ni queues ni griffes ; mais les diables de Pangloss portaient griffes et queues, et les flammes étaient droites. Ils marchèrent en procession ainsi vêtus, et entendirent un sermon très pathétique, suivi d'une belle musique en faux-bourdon. Candide fut fessé en cadence, pendant qu'on chantait ; le Biscayen et les deux hommes qui n'avaient point voulu manger de lard furent brûlés, et Pangloss fut pendu, quoique ce ne soit pas la coutume. Le même jour la terre trembla de nouveau avec un fracas épouvantable. »

Voltaire, *Candide*, chapitre sixième, 1759

Ce texte fonctionne comme un récit naïf, ne donnant jamais aucune explication, ce qui permet de dénoncer en les démontant les abus absurdes commis par le fanatisme religieux. Texte extrêmement bref et maîtrisé, mais aux effets si concentrés qu'il « fait mouche ». On peut le prouver par un exemple : la raison invoquée, au premier paragraphe, pour justifier de telles horreurs (empêcher les tremblements de terre) est immédiatement contredite, de façon ironique, par les faits, à la fin du deuxième paragraphe (« Le même jour, la terre trembla de nouveau »).

Conclusion. Voltaire, comme Diderot, utilise le récit comme opérateur de critique et de contestation. Le récit, c'est l'idéologie en action, et au XVIIIe siècle, on peut aller plus loin dans la polémique par un texte de fiction que par un texte d'un genre plus sérieux et plus académique.

Portrait de Diderot, gravure d'après Chenu.

Roman et philosophie

JACQUES LE FATALISTE, UN CONTE PHILOSOPHIQUE

Comment roman et philosophie peuvent-ils faire bon ménage ? Au XVIIIe siècle, l'expression de la philosophie passe par l'usage du conte, fiction allégorique qui vise à illustrer ou analyser une pensée. Voltaire livre ainsi sa théorie du conte au chapitre VIII du *Taureau Blanc* : « Je veux qu'un conte soit fondé sur la vraisemblance, et qu'il ne ressemble pas toujours à un rêve. Je désire qu'il n'ait rien de trivial ni d'extravagant. Je voudrais surtout que sous le voile de la fable, il laissât entrevoir aux yeux exercés quelque vérité fine qui échappe au vulgaire. » L'imagination voltairienne ne s'abandonne donc jamais au pur plaisir de la fable. La philosophie demeure maîtresse du logis.

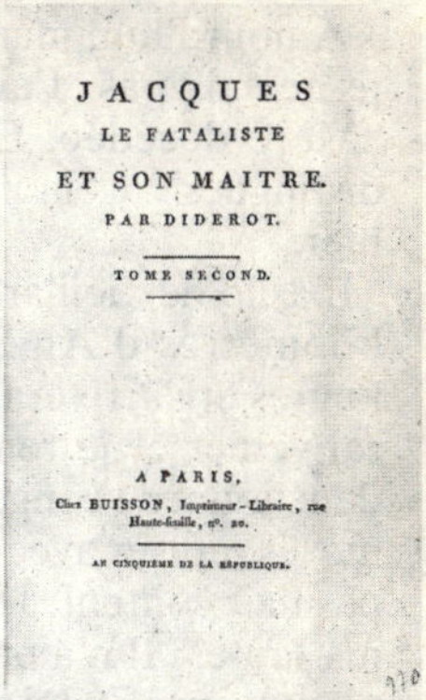
JACQUES
LE FATALISTE
ET SON MAITRE.
PAR DIDEROT.
TOME SECOND.
A PARIS,
Chez BUISSON, Imprimeur-Libraire, rue Haute-feuille, nº. 20.
AN CINQUIÈME DE LA RÉPUBLIQUE.

Diderot, Jacques le Fataliste, *page de titre, 1796.*

Comment une structure aussi complexe que celle de *Jacques le Fataliste* peut-elle s'accorder avec le souci d'illustrer une pensée philosophique ? La doctrine exposée oscille entre le fatalisme et le déterminisme. Ces deux doctrines convergent en ce qu'elles récusent le hasard et débouchent sur une interrogation sur la liberté humaine, mais elles sont différentes : la première suppose la préexistence d'une puissance transcendante, divine, tandis que la seconde, dans une perspective purement matérialiste, défend l'idée d'une nécessité interne fondée en raison.

La forme romanesque peut ainsi répondre au fatalisme puisqu'elle est soumise à un narrateur qui ordonne le texte et peut jouer le rôle d'un Dieu, et répondre aussi au déterminisme dans la mesure où les séquences narratives s'enchaînent d'elles-mêmes. Matérialisme ? Déterminisme ? Rien ne permet de véritablement trancher.

Ces problèmes théoriques étant mis en évidence, on peut voir comment ils se posent dans des romans modernes.

Albert Camus, L'Étranger, *couverture de l'édition originale, 1942.*

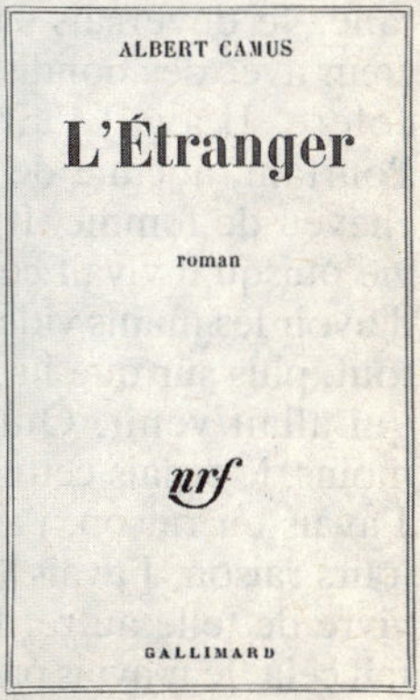
ALBERT CAMUS
L'Étranger
roman
nrf
GALLIMARD

L'ÉTRANGER, OU LE ROMAN DE L'ABSURDE

Achevé en mai 1940 et publié en même temps que *Le Mythe de Sisyphe* en 1942, *L'Étranger* est en partie la traduction romanesque des idées contenues dans *Le Mythe de Sisyphe*, essai sur l'absurde. L'absurde n'est ni dans l'homme ni dans le monde, mais dans leur présence commune. Il naît de leur antinomie. « Il est pour le moment leur seul lien. Il les scelle l'un à l'autre comme la haine seule peut river les êtres [...]. L'irrationnel, la nostalgie humaine et l'absurde qui surgit de leur tête-à-tête, voilà les trois personnages du drame qui doit nécessairement finir avec toute la logique dont une existence est capable. »

« Aujourd'hui, maman est morte. Ou peut-être hier, je ne sais pas. J'ai reçu un télégramme de l'asile : "Mère décédée. Enterrement demain. Sentiments distingués." Cela ne veut rien dire. C'était peut-être hier.

L'asile de vieillards est à Marengo, à quatre-vingts kilomètres d'Alger. Je prendrai l'autobus à deux heures et j'arriverai dans l'après-midi. Ainsi, je pourrai veiller et je rentrerai demain soir. J'ai demandé deux jours de congé à mon patron et il ne pouvait pas me les refuser avec une excuse pareille. Mais il n'avait pas l'air content. Je lui ai même dit : "Ce n'est pas de ma faute." Il n'a pas répondu. J'ai pensé alors que je n'aurais pas dû lui dire cela. En somme, je n'avais pas à m'excuser. C'était plutôt à lui de me présenter ses condoléances. Mais il le fera sans doute après-demain, quand il me verra en deuil. Pour le moment, c'est un peu comme si maman n'était pas morte. Après l'enterrement, au contraire, ce sera une affaire classée et tout aura revêtu une allure plus officielle. »

Albert Camus, *L'Étranger,* 1942
Folio, pages 9-10

Portrait d'Albert Camus, photographie.

« Alors, je ne sais pas pourquoi, il y a quelque chose qui a crevé en moi. Je me suis mis à crier à plein gosier et je l'ai insulté et je lui ai dit de ne pas prier. Je l'avais pris par le collet de sa soutane. Je déversais sur lui tout le fond de mon cœur avec des bondissements mêlés de joie et de colère. Il avait l'air si certain, n'est-ce pas ? Pourtant, aucune de ses certitudes ne valait un cheveu de femme. Il n'était même pas sûr d'être en vie puisqu'il vivait comme un mort. Moi, j'avais l'air d'avoir les mains vides. Mais j'étais sûr de moi, sûr de tout, plus sûr que lui, sûr de ma vie et de cette mort qui allait venir. Oui, je n'avais que cela. Mais du moins, je tenais cette vérité autant qu'elle me tenait. J'avais eu raison, j'avais encore raison, j'avais toujours raison. J'avais vécu de telle façon et j'aurais pu vivre de telle autre. J'avais fait ceci et je n'avais pas fait cela. Je n'avais pas fait telle chose alors que j'avais fait cette autre. Et après ? C'était comme si j'avais attendu pendant tout le temps cette minute et cette petite aube où je serais justifié. Rien, rien n'avait d'importance et je savais bien pourquoi. Lui aussi savait pourquoi. Du fond de mon avenir, pendant toute cette vie absurde que j'avais menée, un souffle obscur remontait vers moi à travers des années qui n'étaient pas encore venues et ce souffle égalisait sur son passage tout ce qu'on me proposait alors dans les années pas plus réelles que je vivais. Que m'importaient la mort des autres, l'amour d'une mère, que m'importaient son Dieu, les vies qu'on choisit, les destins qu'on élit, puisqu'un seul destin devait m'élire moi-même et avec moi des milliards de privilégiés qui, comme lui, se disaient mes frères. Comprenait-il, comprenait-il donc ? »

Albert Camus, *L'Étranger,* 1942
Folio, pages 182-184

La Nausée, une expérimentation philosophique

La première version de *La Nausée*, un « factum sur la contingence » commencé en 1931, ressemblait à un conte philosophique rédigé par Sartre en 1929 : *La Légende de la vérité*. La deuxième version du « factum » ainsi que la troisième version, intitulée *Melancholia* et achevée en 1936, introduisaient dans le récit un suspens policier. Le titre définitif est suggéré par Gaston Gallimard.

Le livre se présente comme le journal d'Antoine Roquentin, installé à Bouville pour rédiger l'histoire d'un aventurier du XVIIIe siècle. Affligé d'un trouble de la perception, Roquentin s'interroge sur ses symptômes et découvre progressivement la notion métaphysique de « contingence », après avoir dénoncé tout ce qui donne à l'existence un sens illusoire : le sentiment d'aventure, l'expérience, la science historique, la description scientifique.

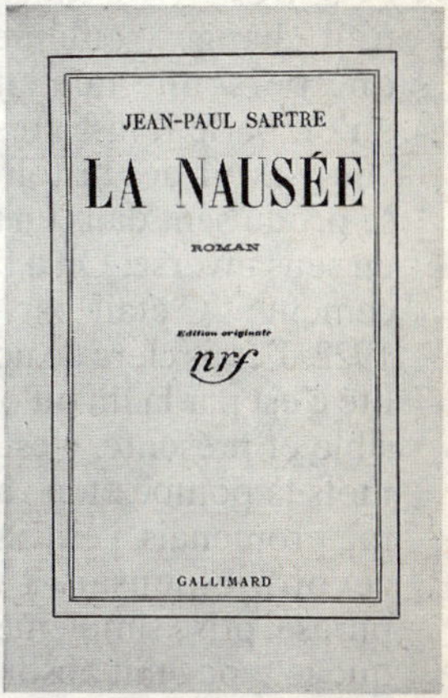

Jean-Paul Sartre, La Nausée, *couverture de l'édition originale, 1938.*

« Quand on vit, il n'arrive rien. Les décors changent, les gens entrent et sortent, voilà tout. Il n'y a jamais de commencements. Les jours s'ajoutent aux jours sans rime ni raison, c'est une addition interminable et monotone. De temps en temps, on fait un total partiel, on dit : voilà trois ans que je voyage, trois ans que je suis à Bouville. Il n'y a pas de fin non plus : on ne quitte jamais une femme, un ami, une ville en une fois. Et puis tout se ressemble : Shanghai, Moscou, Alger, au bout d'une quinzaine, c'est tout pareil. Par moments – rarement – on fait le point, on s'aperçoit qu'on s'est collé avec une femme, engagé dans une sale histoire. Le temps d'un éclair. Après ça, le défilé recommence, on se remet à faire l'addition des heures et des jours. Lundi, mardi, mercredi. Avril, mai, juin. 1924, 1925, 1926.

Ça, c'est vivre. Mais quand on raconte la vie, tout change ; seulement c'est un changement que personne ne remarque : la preuve c'est qu'on parle d'histoires *vraies.* Comme s'il pouvait y avoir des histoires vraies ; les événements se produisent dans un sens et nous les racontons en sens inverse. On a l'air de débuter par le commencement : "C'était par un beau soir de l'automne de 1922. J'étais clerc de notaire à Marommes." Et en réalité c'est par la fin qu'on a commencé. Elle est là, invisible et présente, c'est elle qui donne à ces quelques mots la pompe et la valeur d'un commencement. "Je me promenais, j'étais sorti du village sans m'en apercevoir, je pensais à mes ennuis d'argent." Cette phrase, prise simplement pour ce qu'elle est, veut dire que le type était absorbé, morose, à cent lieues d'une aventure, précisément dans ce genre d'humeur où on laisse passer les événements sans les voir. Mais la fin est là, qui transforme tout. Pour nous, le type est déjà le héros de l'histoire. Sa morosité, ses ennuis d'argent sont bien plus précieux que les nôtres, ils sont tout dorés par la lumière des passions futures. Et le récit se poursuit à l'envers : les instants ont cessé de s'empiler au petit bonheur les uns sur les autres, ils sont happés par la fin de l'histoire qui les attire et chacun d'eux attire à son tour l'instant qui le précède : "Il faisait nuit, la rue était déserte." La phrase est jetée négligemment, elle a l'air superflue ; mais nous ne nous y laissons pas prendre et nous la mettons de côté : c'est

Portrait de Jean-Paul Sartre, photographie de Jacques Robert.

un renseignement dont nous comprendrons la valeur par la suite. Et nous avons le sentiment que le héros a vécu tous les détails de cette nuit comme des annonciations, comme des promesses même, qu'il vivait seulement ceux qui étaient des promesses, aveugle et sourd pour tout ce qui n'annonçait pas l'aventure. Nous oublions que l'avenir n'était pas encore là ; le type se promenait dans une nuit sans présages, qui lui offrait pêle-mêle ses richesses monotones et il ne choisissait pas.

J'ai voulu que les moments de ma vie se suivent et s'ordonnent comme ceux d'une vie qu'on se rappelle. Autant vaudrait tenter d'attraper le temps par la queue. »

Jean-Paul Sartre, *La Nausée*, 1938
Folio, pages 64-66

G. Bruno, Le Tour de France de deux enfants.

Roman et voyage

Le roman emprunte au voyage une forme commode (libre addition diachronique d'épisodes), qu'il dramatise et complique d'une intrigue psychologique. Le picaresque utilise l'incohérente bigarrure de l'errance pour promener un « héros » dans les recoins de la comédie humaine (Lesage, *Gil Blas de Santillane*, 1715-1735). Le voyage, qui relativise en juxtaposant et en heurtant coutumes et opinions, peut servir à la critique politique ou philosophique (Montesquieu, *Lettres persanes*, 1721 ; Voltaire, *Candide*, 1759). Il peut aussi se faire instrument pédagogique agréable pour enseigner sans peine l'histoire, la géographie, le civisme et le patriotisme (abbé Barthélémy, *Voyage du jeune Anacharsis en Grèce*, 1789 ; G. Bruno, *Le Tour de France par deux enfants*, 1886).

JACQUES LE FATALISTE, HÉRITIER DU ROMAN PICARESQUE

Le roman picaresque (voir p. 34) se présente comme un « antiroman idéaliste » et propose une « stylisation narquoise de l'expérience quotidienne » sous ses aspects les plus dérisoires. Le *picaro*, réalité de la vie quotidienne muée en personnage de fiction, incarne de façon exemplaire l'anti-honneur, une « noblesse à rebours ».

LES *LETTRES PERSANES* OU LE PRINCIPE DE L'ŒIL NEUF

L'ouvrage se compose de 161 lettres écrites de 1711 à 1720. Usbek, grand seigneur disgracié, a quitté son pays sous prétexte de s'instruire dans les sciences de l'Occident. D'autres lettres sont l'œuvre de son ami Rica, qui l'accompagne. La partie la plus importante de la correspondance (lettres 24 à 147) nous fait connaître les jugements des deux Persans sur la vie parisienne, sur les affaires françaises et sur les événements politiques et religieux.

Lettres persanes, Montesquieu, *les femmes d'Usbek.*

« Rica à Rhédi, à Venise.

Je trouve les caprices de la mode, chez les Français, étonnants. Ils ont oublié comment ils étaient habillés cet été ; ils ignorent encore plus comment ils le seront cet hiver : mais, surtout, on ne saurait croire combien il en coûte à un mari, pour mettre sa femme à la mode.

Que me servirait de te faire une description exacte de leur habillement et de leurs parures ? Une mode nouvelle viendrait détruire tout mon ouvrage, comme celui de leurs ouvriers ; et, avant que tu eusses reçu ma lettre, tout serait changé.

Une femme qui quitte Paris, pour aller passer six mois à la campagne, en revient aussi antique que si elle s'y était oubliée trente ans. Le fils méconnaît le portrait de sa mère ; tant l'habit, avec lequel elle est peinte, lui paraît étranger : il s'imagine que c'est quelque Américaine qui y est représentée, ou que le peintre a voulu exprimer quelqu'une de ses fantaisies.

Quelquefois les coiffures montent insensiblement, et une révolution les fait descendre tout à coup. Il a été un temps que leur hauteur immense mettait le visage d'une femme au milieu d'elle-même : dans un autre, c'étaient les pieds qui occupaient cette place ; les talons faisaient un piédestal qui les tenait en l'air. Qui pourrait le croire ? Les architectes ont été souvent obligés de hausser, de baisser, et d'élargir leurs portes, selon que les parures des femmes exigeaient d'eux ce changement ; et les règles de leur art ont été asservies à ces caprices. On voit quelquefois, sur un visage, une quantité prodigieuse de mouches, et elles disparaissent toutes le lendemain. Autrefois, les femmes avaient de la taille et des dents ; aujourd'hui il n'en est pas question. Dans cette changeante nation, quoi qu'en disent les mauvais plaisants, les filles se trouvent autrement faites que leurs mères.

Il en est, des manières et de la façon de vivre, comme des modes : les Français changent de mœurs, selon l'âge de leur roi. Le monarque pourrait même parvenir à rendre la nation grave, s'il l'avait entrepris. Le prince imprime le caractère de son esprit à la cour, la cour à la ville, la ville aux provinces. L'âme du souverain est un moule qui donne la forme à toutes les autres.

De Paris, le 8 de la lune de Saphar [avril] 1717 »

Montesquieu, *Lettres persanes*, 99, 1721

LOUIS-FERDINAND CÉLINE, *VOYAGE AU BOUT DE LA NUIT*

Certains critiques décèlent dans ce roman une facture picaresque. Il s'agit des tribulations de Bardamu aux quatre coins de la civilisation occidentale ; dans une première partie, nous le suivons au front, à l'arrière, aux colonies, à New York et à Detroit ; dans une seconde partie, nous le voyons gagner sa vie de médecin, de dispensaire de la zone en asile d'aliénés. Les épisodes s'enchaînent selon deux moteurs : la fuite en avant du narrateur, recherche obstinée de la plus grande déchéance possible, et un hasard romanesque propre au conte philosophique (on enlève Bardamu pour l'envoyer aux galères ; il retrouve à New York celle qu'il avait aimée à Paris…).

« Pour se nourrir à l'économie en Amérique, on peut aller s'acheter un petit pain chaud avec une saucisse dedans, c'est commode, ça se vend au coin des petites rues, pas cher du tout. Manger dans le quartier des pauvres ne me gênait point certes, mais ne plus rencontrer jamais ces belles créatures pour les riches, voilà qui devenait bien pénible. Ça ne vaut alors même plus la peine de bouffer.

Au *Laugh Calvin* je pouvais encore sur ces épais tapis avoir l'air de chercher quelqu'un parmi les trop jolies femmes de l'entrée, m'enhardir peu à peu dans leur ambiance équivoque. En y pensant je m'avouai qu'ils avaient eu raison les autres, de *l'lnfanta Combitta,* je m'en rendais compte, avec l'expérience, je n'avais pas des goûts sérieux pour un miteux. Ils avaient bien fait les copains de la galère de m'engueuler. Cependant, le courage ne me revenait toujours pas. J'allais bien reprendre des doses et des doses encore de cinéma, par-ci, par-là, mais c'était tout juste assez pour rattraper ce qu'il me fallait d'entrain pour une promenade ou deux. Rien de plus. En Afrique, j'avais certes connu un genre de solitude assez brutale, mais l'isolement dans cette fourmilière américaine prenait une tournure plus accablante encore.

Portrait de Céline, photographie Cillie Pam, 1932.

Toujours j'avais redouté d'être à peu près vide, de n'avoir en somme aucune sérieuse raison pour exister. À présent j'étais devant les faits bien assuré de mon néant individuel. Dans ce milieu trop différent de celui où j'avais de mesquines habitudes, je m'étais à l'instant comme dissous. Je me sentais bien près de ne plus exister, tout simplement. Ainsi, je le découvrais, dès qu'on avait cessé de me parler des choses familières, plus rien ne m'empêchait de sombrer dans une sorte d'irrésistible ennui, dans une manière de doucereuse, d'effroyable catastrophe d'âme. Une dégoûtation. »

Céline, *Voyage au bout de la nuit,* 1932
Folio, pages 261-262

À droite, extrait des registres de la mairie de Langres, ville natale de Diderot, 1781.

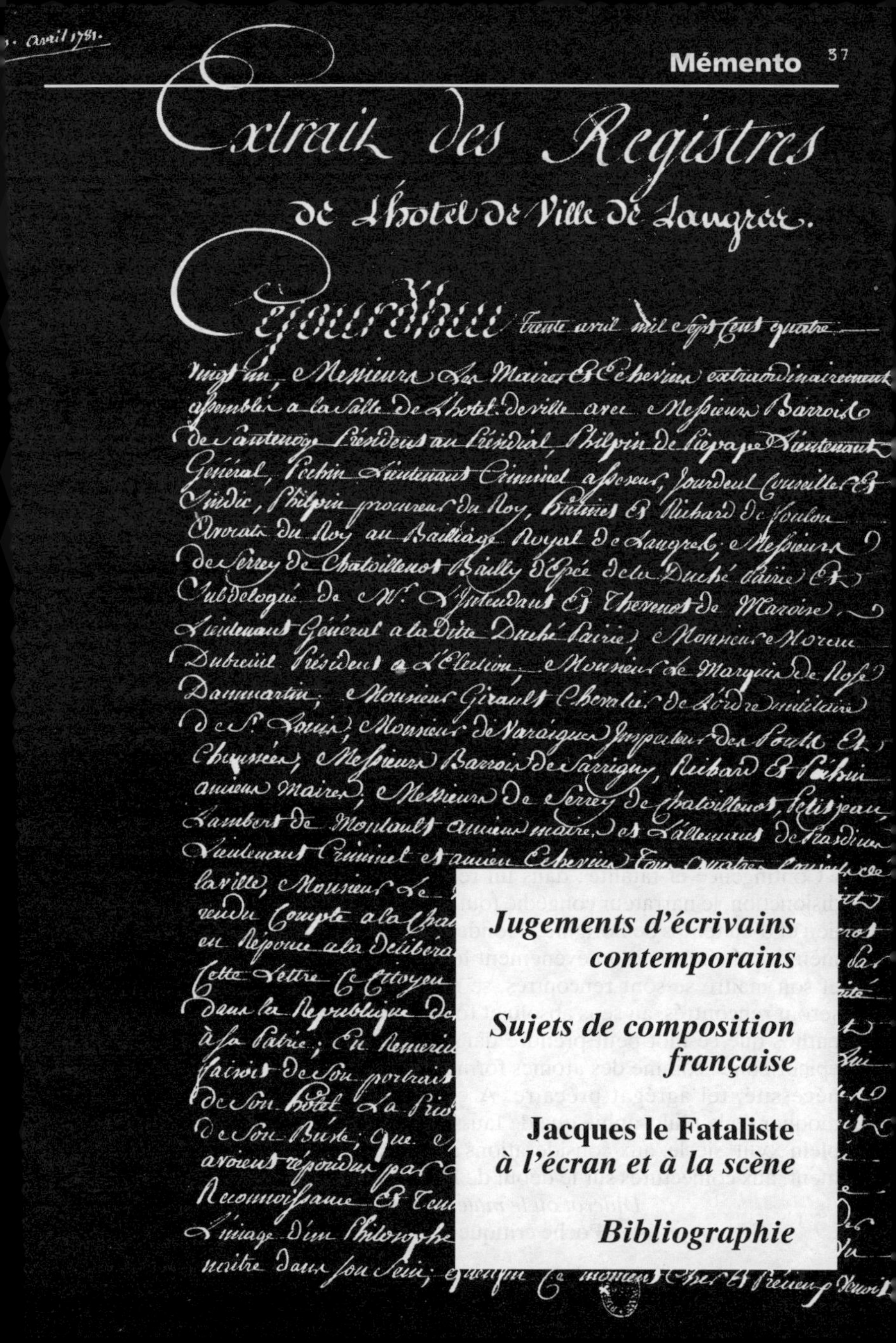

Jugements d'écrivains contemporains

Sujets de composition française

Jacques le Fataliste
à l'écran et à la scène

Bibliographie

Jugements d'écrivains contemporains

Jean-Claude Bonnet, chargé de recherches au C. N. R. S.

« Il est légitime de parler d'antiromans à propos de ces œuvres, à condition que cette notion ne soit pas associée au lieu commun très répandu au XVIIIe siècle d'un Diderot incapable de composer et impuissant à raconter une histoire. Pour fonder le roman contre le romanesque et renouveler un genre qui se réduit, selon lui, à "un tissu d'événements chimériques et frivoles", il lui faut parodier les formes usées (comme le roman sentimental et la fable finaliste) et critiquer tous les dogmes. Plutôt que de clore et de ficeler artificiellement ses récits, il choisit d'en exhiber le code et d'en épuiser les lois, de mettre le roman en question au prix d'une énergique et folle dépense narrative. »

Magazine littéraire, février 1984

Elisabeth de Fontenay, philosophe

« Contingence et fatalité : dans un refus insolent de la disjonction, le narrateur congédie toute assignation d'un lieu et d'un temps de l'origine, il fonde en dérision l'idée même d'un état ou d'un événement fondateur. Jacques et son maître se sont rencontrés, se rencontrent ou se seront rencontrés, au sens absolu et tout à fait dénué de pathos que ce mot peut prendre dans une philosophie épicurienne : comme des atomes forment, par hasard et nécessité, tel agrégat précaire. À coup sûr, c'est se moquer de la philosophie que de fausser compagnie, en plein XVIIIe siècle, aux considérations sur le commencement, aux conjectures sur le début de l'histoire. »

Diderot ou le matérialisme enchanté,
« Poche critique », Hachette, 1981

Jean Goldzink, professeur et critique de littérature française

> « Nourri de Rabelais et surtout de Sterne, *Jacques le Fataliste* joue avec les grands thèmes matérialistes et bouscule l'ordre convenu des romans pour mieux apprendre au lecteur l'art de les goûter et le bonheur de penser librement. Il revenait logiquement à Diderot d'écrire le grand roman expérimental du XVIIIe siècle : forme ouverte, dialogique, philosophique et joyeuse. »

Histoire de la littérature française,
XVIIIe siècle, Bordas

Eric Walter, critique, spécialiste du XVIIIe siècle

> « Réquisitoire féministe, éloge de l'énergie, mise en garde au pharisien qui dort en chacun de nous, appel à la générosité clairvoyante du lecteur, tout ce branle-bas d'un militant des Lumières ne doit pas nous cacher une leçon plus discrète : cette histoire fascinante n'est jamais qu'un effet d'écriture et les personnages, des êtres de papier. »

Jacques le Fataliste de Diderot,
« Poche critique », Hachette, 1975

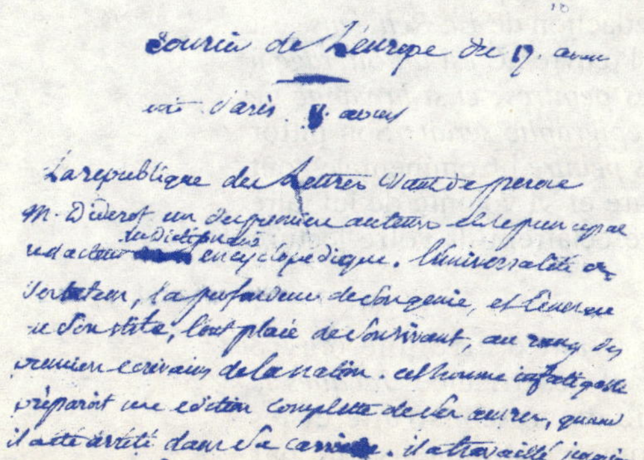
Courier de l'Europe du 17. aout
[illegible] Paris. 4. aout
La republique des Lettres vient de perdre
M. Diderot un des premiers auteurs [illegible]
redacteur du dictionnaire encyclopedique. l'universalité de
ses talents, la profondeur de son genie, et l'énergie
de son stile, l'ont placé de son vivant, au rang des
premiers ecrivains de la nation. cet homme infatigable
preparoit une edition complette de ses oeuvres, quand
il a été arreté dans sa carrière. il a travaillé jusqu'au
moment de sa mort qui a été subite. il etoit dans
la 72e année de son age.

Courrier de L'Europe *annonçant la mort de Diderot, 1er août 1784.*

Sujets de composition française

ANCIENS...

Jacques le Fataliste n'est-il, selon vous, qu'*une insipide rhapsodie de faits, les uns réels, les autres imaginés, écrits sans grâce et distribués sans ordre*, comme le fait dire Diderot à son lecteur ?

Jacques le Fataliste est-il un roman à thèse ?

« Dans toute l'histoire du roman mondial, *Jacques le Fataliste* est le refus le plus radical et de l'illusion réaliste et de l'esthétique du roman dit psychologique », écrit Milan Kundera dans son hommage à Denis Diderot. Vous direz comment ce jugement éclaire votre lecture du roman de Diderot en particulier et d'autres romans que vous connaissez.

Dans la lettre à Meister du 27 septembre 1780, où Diderot annonce que la rédaction de *La Religieuse* est achevée, il présente ainsi l'œuvre : *C'est un ouvrage à feuilleter sans cesse par les peintres; et si la vanité ne s'y opposait, sa véritable épigraphe serait :* Son pittor anch'io. [*Moi aussi, je suis peintre.*] Comment ce goût de Diderot pour la peinture et sa volonté de lui faire concurrence par l'écriture éclairent-ils votre lecture du roman ?

Selon Robert Mauzi, « avant d'être une œuvre perpétuellement rompue et désarticulée, *Jacques le Fataliste* est d'abord une œuvre construite et les ruptures et les digressions n'ont de sens que par rapport à sa structure et non comme une suite linéaire d'événements et de discours se succédant au hasard et n'entrant dans aucune forme. » Commentez cette perspective qui va à l'encontre de l'image traditionnelle de l'œuvre conçue comme un « pot-pourri ».

... ET MODERNES

La mise en fiction de l'idéologie dans des œuvres que vous connaissez.

« Le lecteur et le critique sont nécessairement compromis dans le jeu (et non pas seulement, et non pas essentiellement par le double qui les représente dans l'énoncé romanesque). Décider du sens de l'œuvre, c'est le construire, c'est-à-dire privilégier certaines des causalités et des analogies dont le texte est tissé ; c'est aussi arrêter, figer (châtrer ?) le "jeu du signifiant" : pour le contraindre à une vérité ; c'est au moins, ne pas éviter le piège tramé par le texte, par où l'entreprise critique se trouve dépossédée de sa légitimité. »

Commentez ce jugement d'un critique, en vous appuyant sur des romans que vous connaissez.

Qu'est-ce qu'un personnage romanesque ?

Comment un roman peut-il être à la fois un anti-roman et un roman des romans ?

Les adaptations pour le cinéma d'œuvres littéraires font recette (*Madame Bovary* par Claude Chabrol, *Les Liaisons dangereuses* par Stephen Frears, etc.). Quelles difficultés posent-elles selon vous ? Aident-elles à lire ou à relire les œuvres littéraires ? Peuvent-elles être considérées comme des œuvres à part entière, ou comme des traductions-trahisons (parfois fort réussies) d'une langue (la littérature et l'écrit) dans une autre (le cinéma et l'image) ?

Les œuvres de Diderot à l'écran et à la scène

Cinéma

Jacques le Fataliste et son maître, téléfilm de Claude Santelli, avec François Périer et Pierre Santini.
Les Dames du bois de Boulogne, film de Robert Bresson, 1945, d'après l'histoire de Mme de La Pommeraye et du marquis des Arcis.
La Religieuse, film de Jacques Rivette, 1967, avec Anna Karina.
Le Neveu de Rameau, 1964, avec Pierre Fresnay.

Théâtre

Diderot à corps perdu, par Elisabeth de Fontenay, Théâtre d'Orsay, 1979, avec Jean Topart et Catherine Sellers.
Mystification, d'après Diderot, mise en scène de Jacques Weber, Théâtre national de Chaillot, 1992.

Anna Karina dans La Religieuse *de Jacques Rivette, 1966.*

Bibliographie

Les principaux textes romanesques et philosophiques de Diderot sont en poche : Folio, Presses-Pocket, Livre de poche, G.F. et Classiques du peuple (Messidor.)

Sur la vie de Diderot

Pierre Lepape, *Diderot*, Flammarion.
Arthur M. Wilson, *Diderot,* « Bouquins », Laffont.

Sur l'œuvre de Diderot

Articles « Diderot » et « Voyage » du *Dictionnaire des littératures de langue française*, Bordas.
Jules Barbey d'Aurevilly, *Contre Diderot,* Le Regard Littéraire, éditions Complexe, 1986.
Henri Coulet, *Le Roman jusqu'à la Révolution,* Armand Colin, 1967, p. 507-516.
Roger Kempf, *Diderot et le Roman,* Le Seuil, 1964.
Roger Lewinter, *Diderot ou les mots de l'absence,* Champ libre, 1976.
Jacques Proust, *Lectures de Diderot,* Armand Colin, 1974.
Laurence Sterne, *Vie et Opinions de Tristram Shandy,* introduction de Serge Soupel, G.F., 1982.

Sur Jacques le Fataliste

Jacques Chouillet, « Sens, contre-sens et non-sens : l'allégorie du château dans *Jacques le Fataliste* », article paru dans les *Mélanges I. O. Wade,* Droz, 1977.
Milan Kundera, *« Jacques et son maître », hommage à Denis Diderot*, Gallimard, 1981.
Eric Walter, *Jacques le Fataliste de Diderot*, « Poche critique », Hachette, 1975.

« Les écrivains du Bac »*

Les combats d'un Socrate 6
Interview de Philippe Sollers : « Diderot, c'est le rythme, la véhémence, la brièveté. » 19
Le premier critique d'art 21
Diderot, rattrapé par le théâtre 23

Petit dictionnaire diderotien

Anticléricalisme 26
Autocensure 26
Bandits 27
Conversation 27
« Correspondance littéraire » 28
Couvent 28
Enchâssement 29
Encyclopédie 30
Fatalisme 30
Femme 31
Génie 32
Guerres 33
Lisbonne 33
Pantomime 33
Picaresque 34
Postérité 34
Rêver 35
Romans anglais 35

20 citations à connaître 37

Jacques le Fataliste – fiche de lecture

Avez-vous bien lu *Jacques le Fataliste* ? Test-rappel 42
Résumé 40
Les personnages principaux 51
Les personnages secondaires 54
Rédaction et publication 55

JACQUES LE FATALISTE EN CINQ TEXTES

L'ouverture du roman 58
Le château « allégorique » 64
Le pardon du marquis des Arcis 68
Justine, Suzanne, Marguerite et les autres… 72
Comment finir ? 77

AUTRES ŒUVRES DE DIDEROT

Les œuvres philosophiques 82
Les œuvres esthétiques 83
Les œuvres de fiction 84

GROUPEMENTS THÉMATIQUES

Littérature et philosophie 88
Quelques figures de femmes dans les romans du XVIIIe siècle 91
Le rapport maître-serviteur en littérature 95
Contre la religion 103
Roman et philosophie 110
Roman et voyage 115

MÉMENTO

Jugements d'écrivains contemporains 120
Sujets de composition française 122
Jacques le Fataliste à l'écran et à la scène 124
Bibliographie 125

Pour des raisons de lisibilité, tous les textes de Diderot ont été composés en italiques.

* Les 24 premières pages reproduisent le dossier conçu par ANNE BRUNSWIC pour le magazine *Lire* .

Solutions

FICHE DE LECTURE, Test-rappel, PAGE 42

1. b - ***2.*** c - ***3.*** a - ***4.*** a - ***5.*** b - ***6.*** a - ***7.*** b - ***8.*** c - ***9.*** b - ***10.*** c - ***11.*** a - ***12.*** c - ***13.*** b ***14.*** b - ***15.*** c

Crédits photographiques

Bernand, Paris 9, 11, 12, 13, 16, 24, 86. Bibliothèque nationale, Paris 4ème couv., 1, 7, 15, 25, 26h, 26b, 28b, 29, 30, 31, 32, 34, 35h, 35b, 37, 38, 39, 40, 41, 45h, 45b, 46h, 46b, 47, 48, 49, 50, 52, 53, 54h, 54b, 55, 56, 57, 60, 61, 62, 63, 66, 67, 68, 69, 70, 71, 72, 73, 74, 78, 79, 80, 81, 82, 83, 84h, 85, 87, 88, 89h, 89b, 92, 94, 95, 99, 102, 103, 104, 106b, 107, 110, 111h, 119, 121. Bulloz, Paris 2b. Jean-Loup Charmet, Paris 2h, 8, 14. Cahiers du cinéma, 124. Collection Colin Nettelbeck, 118. Collection Jean-Paul Fargié, 19. Collection particulière, 112. D.R. 84b, 116. Explorer/Desmarteau, Paris 4/5. Gallimard, Paris 111b, 113, 115. Gallimard/Jacques Robert, Paris 114. Giraudon, Paris 4h. Giraudon/Musée du Louvre, Paris 6. Musée des arts décoratifs/Charmet, Paris 10. Musée Carnavalet/Charmet, Paris 5. Musée de l'Ermitage, Saint Pétersbourg 65. Musée du Louvre/Dagli Orti, Paris 3, 20/21, 22. Musée des collections historiques de la préfecture de police, Paris 27, 28h, 76. Roger-Viollet, Paris 4b, 17, 51, 75, 97, 98, 100, 101, 105, 108, 109.

Collaborateurs

Comité de rédaction : .... Anne Brunswic
.... Christian Biet
.... Jean-Paul Brighelli
Coordination éditoriale : .... Cécile Dutheil de la Rochère
Iconographie : .... Bénédicte Bouhours
Maquette, conception et réalisation : .... Jöelle Bailly, EGO VIDEO

Dans la même collection

L'AUTOBIOGRAPHIE
BALZAC
BAUDELAIRE
LE BON SAUVAGE
DON JUAN
LE FANTASTIQUE
FLAUBERT
PROUST
STENDHAL
VOLTAIRE
ZOLA

Toutes les références à *Jacques le Fataliste* renvoient à l'édition Folio, © Gallimard

Dépôt légal : août 1993
Numéro d'édition : 63963
ISBN : 2-07-057926-3

Imprimerie Hérissey, Évreux (Eure) – N° 62425